김정은 정권의
지도이념 변천

김정은 정권의
지도이념 변천

히라이 히사시 지음

한울
아카데미

이 책은 통일부가 지원하고 경남대 극동문제연구소가 운영한 '2021 북한·통일학 학술교류 지원 사업: 북한·통일학 연구 펠로우십' 프로그램에 참여한 히라이 히사시(平井久志) 초빙연 구위원(연구기간: 2021.3.1.~2022.2.28.)이 동 기간 "김정은 정권의 지도이념 변천(金正恩 政權の指道理念の變遷について)"에 관해 연구한 결과입니다.

머리말

    북한은 '사상의 나라'이다. 이렇게 특이한 국가가 70년 이상 계속되고 있는 이유 중 하나는 분명히 그 '사상'에 의한 통제에 있다.

    한국에는 '계란으로 바위를 친다'라는 속담이 있다. 가능하지 않은 일을 한다는 뜻으로 어리석은 행위라는 의미로 쓰이는 경우가 많다. 그러나 북한에는 '닭알에도 사상을 재우면 바위를 깰 수 있다'는 말이 당 기관지 등에서 자주 인용된다. 북한에서 이 말은 '주체의 사상론'을 대표하는 말이다. 북한에서는 사상의 힘이 있으면 '달걀(닭알)로 바위를 깰 수 있다'는 것이다. 그런 발상은 외부 사회에서 보면 어리석은 것으로 보인다. 그러나 북한 내부에서는 그런 사상의 힘이 중시되고 있다. 우리가 북한의 모습을 생각할 때 북한 사회를 규율하고 통제하며 그곳에 사는 사람들의 사고조차 규제하고 있는 사상의 모습을 주시하지 않을 수 없는 이유 중 하나가 여기에 있다.

    김일성 주석이 만들었다는 '주체사상'도 어느 날 갑자기 등장한 것은 아니다. 1945년 일본 식민지 지배에서 해방된 후 한국전쟁을 거쳐 만주항일 빨치산 세력이 연안파, 소련파, 국내 공산주의파 등과 당내 투쟁을 하기 위해서는 '주체사상'이 필요했다. 국제공산주의운동에서 중소대립이 표면화하자 북한은 건국을 주도한 소련, 한국전쟁을 함께 싸운 중국 사이에서 고민했다. 그런 가운데 북한이라는 소국이 살아가는 지도이념으로 '주체사상'이 필요했다. '주체사상'은 북한이라는 나라가 국내적·국제적인 복잡한 환경 속에서 살아가는 지도이념으로서 다양한 변천을 거치면서 형성됐다.

후계자 김정일 총비서는 자신의 후계체제를 만들기 위해 '주체사상'의 해석자라는 지위를 독점하고, 그것을 활용하여 '혁명적 수령관'과 '사회정치적 생명체론' 등을 통해 '주체사상'을 통치이데올로기로 바꿔갔다.

더욱이 김일성 주석이 사망하고 냉전 구조가 종식을 고하고 사회주의 진영이 붕괴 과정을 거치는 가운데 김정일은 새로운 지도이념이 필요했다. 김정일은 당초 당을 중심으로 한 '붉은기 사상'으로 난국을 극복하려고 했지만, 경제위기 속에서 당은 더는 작동하지 않았고 간신히 조직으로서 기능하고 있었던 군에 의지했다. 그는 '선군사상'으로 정치적·경제적인 위기를 극복하려고 했다. 김정일 총비서는 체제 유지에 성공했으나 경제적인 성과를 낼 수 없었다. 대신 핵·미사일 개발의 기반을 만들었다.

2008년 여름 김정일 총비서의 건강 악화로 그의 시대가 끝을 알리는 날이 가까워지고 있음을 누구나 느끼고 있었지만, 그것이 언제인지는 아무도 알 수 없었다. 2011년 12월 김정일은 사망했고, 김정은은 27세의 젊은 나이에 후계자의 지위에 올랐다.

김정은은 2009년 1월 후계자로 결정된 순간부터 자신의 시대를 대표하는 지도이념의 확립을 요구받았지만, 자기 시대가 언제 시작될지 명확하지 않은 상황에서 자기 시대의 이데올로기가 충분히 준비되어 있었다고는 할 수 없었다.

김정은은 분명히 자신의 지도이념을 가질 필요성이 있었다. 그것은 북한이라는 나라의 최고지도자가 가진 숙명이고, 지도이념, 사상적인 기반이 없는 최고지도자는 있을 수 없기 때문이다. 그러나 그것은 할아버지의 주체사상, 아버지의 선군사상을 봐도 어느 날 갑자기 생길 수 있는 것은 아니다. 그 시대의 시련, 어려움을 극복하는 사상, 미래 전망을 여는 사상을 창출하는 것은 일정한 시간과 과정이 필요하다. 김정은은 아버지 김정일 총비서가 사망한 순간부터 새로운 지도이념의 창출을 향한 과제를 짊어졌다고 말할 수 있을 것이다. 그것은 북한이라는 특이한 국가의 최고지도자가 필연적으로 짊어져야 하는 과제였다.

김정은은 2012년 7월 리영호 군 총참모장을, 2013년 12월에는 장성택 당 행정부장을 숙청하고 예상을 훨씬 뛰어넘는 속도로 유일적 영도체계라는 이름의 개인 독재체제를 확립했다. 그리고 2016년 5월에는 36년 만의 당대회인 제7차 당대회를 개최하여 새로운 지도체제와 국가경제발전 5개년전략을 발표했다. 그 뒤에 열린 최고인민회의에서는 선군시대의 최고통치기관이었던 국방위원회를 국무위원회로 바꿔 사실상 선군정치를 과거의 것으로 만들었다. 그리고 2021년 1월에는 제8차 당대회를 개최하여 '영원한 결번'이었던 아버지와 할아버지와 같은 '당 총비서' 자리에 앉았다. 그리고 당규약을 개정하고 아버지나 할아버지의 고유명사, 업적을 삭제하고 김정은 시대의 당규약으로 개정했다.

게다가 북한에서는 2020년 10월의 ≪로동신문≫과 ≪근로자≫ 공동 논설이 김정은을 '수령'이라고 부르고 2021년 1월 제8차 당대회에서도 그러한 표현이 나왔다. 그리고 2021년 5월경부터 ≪로동신문≫ 등에 김정은을 '수령'이라 부르는 표현이 자주 등장했으며, 김정은은 살아 있으면서 아버지, 할아버지와 같은 '수령' 자리에 앉았다.

정권 출범 직후부터 김정은은 '김일성-김정일주의'를 지도이념으로 삼았지만, 거기에는 '사상의 핵'은 없었으며 초기 단계에서 그 내용은 아버지, 할아버지가 걸어온 '자주·선군·사회주의'밖에 없었다. 그러나 제8차 당대회에서 개정한 규약에서는 당의 기본정치 방식을 '선군'에서 '인민대중제일주의'로 바꿨다.

여기에서 필자는 김정은 정권 10년의 행보 속에서 북한의 지도이념이 어떻게 변화하고 어디로 가려고 하는지를 검증하고자 한다.

김정은은 조선노동당의 지도이념을 '김일성-김정일주의'로 정식화했지만, 그 내용은 결국 '주체사상'이자 '선군사상'이다. 김정은의 사상이 결코 아니다. 김정은이 어떻게 자신의 사상체계를 확립하려고 했는지 그 프로세스를 검증하고 그것이 어떤 방향을 향하고자 하는지를 추론하는 것이 이 논문의 목적이라고 할 수 있다.

선행 연구와 연구 방법에 대하여

일본이나 한국에서 김정은 시대에 들어서 전개된 '김일성-김정일주의', '인민대중제일주의', '우리 국가제일주의' 등 개별 이념에 관한 연구는 많이 있지만, 김정은 시대 10년의 지도이념을 통사적으로 고찰하고 그것이 북한이 처한 국내정세, 국제정세와 관련지어 검증하는 연구는 그다지 많지 않은 것 같다.

일본에서는 수령제 연구에 있어서는 스즈키 마사유키(鐸木昌之)의『북한: 사회주의와 전통의 공명(北朝鮮: 社会主義と伝統の共鳴)』이나 그것을 보완한『북한 수령제의 형성과 변용(北朝鮮首領制の形成と変容)』이라는 뛰어난 연구 실적이 있지만, 김정은 시대의 이념적인 변천을 다룬 연구는 그다지 많지 않은 것처럼 보인다.

이 책에서는 김정은 시대가 시작된 2011년 말부터 2023년 초에 이르기까지 약 10년간의 북한 지도이념의 변화를 통사적으로 고찰하고, 그 변화가 선대나 선선대의 지도이념과 어떻게 교차하고, 어떠한 관련이 있으며,

김정은 시대 지도이념이 어떤 방향으로 향하고자 하는지를 생각해 보고자 한다.

　연구 방법으로는 북한의 공식 간행물인 당 기관지 ≪로동신문≫과 최고 인민회의 상임위원회와 내각 기관지 ≪민주조선≫, 조선중앙TV 보도 등 공식 간행물이나 언론에서 발표된 공식 문헌의 분석을 통해 그 변화나 의미를 생각해 보고자 한다.

차례

머리말 · 5

1장 김정일 총비서의 죽음과 김정은 시대 개막 ─────── 15
  '유훈관철'과 '일심단결' · 15
  '자주, 선군, 사회주의' · 22

2장 '김일성-김정일주의' ──────────────── 27
  "처녀작이 그 작가를 규정한다" · 27
  김정은의 '4·6 담화' · 28
  '김일성-김정일주의'는 이미 김정일 시대의 구호 · 29
  '김일성-김정일주의'를 당의 지도사상으로 정식화 · 32
  조선노동당은 '이민위천'의 당 · 33
  '선군 견지'와 '인민생활 향상'의 병진 노선 · 34
  '김일성-김정일주의'를 당규약에, 헌법은 '김일성·김정일헌법'으로 · 36
  '김일성-김정일주의'란 무엇인가 하는 물음 · 37
  "우리 인민이 다시는 허리띠를 조이지 않게" · 40
  '김정일애국주의' · 43

3장 독자적인 지도이념의 모색 ─────────── 49

"자기 땅에 발을 붙이고 눈은 세계를 보라!", '세계적 추세' · 49

리영호 군 총참모장 숙청 · 52

'70년대 시대정신' · 55

'70년대'의 '충성심'과 '경제성장' 그리고 '향수' · 57

김정은의 국가안전보위부 방문 · 60

'생눈길을 헤치는 정신' · 61

'2013년 신년사' · 62

'강성대국'에서 '백두산대국'으로 · 64

4장 '인민대중제일주의'의 맹아 ─────────── 67

'종자'로서의 '인민대중제일주의'의 등장 · 67

'엄간애민' · 70

김정일 동지의 평생 이념은 '인민대중제일주의' · 72

경제건설과 핵무력건설의 '병진노선' · 74

5장 '당의 유일사상체계확립 10대 원칙'에서 '당의 유일적령도체계확립 10대 원칙'으로 ─────────── 79

'당의 유일적령도체계확립 10대 원칙' · 79

'혁명발전의 요구에 맞게 당의 유일적령도체계를 더욱 철저히 세울데 대하여' · 88

장성택 당 행정부장 숙청 · 90

6장　제7차 당대회 ——————————————— 97

　　제7회 당대회에서의 '선군' 평가와 '선군의 기치' 내걸기 · 97
　　통치 이데올로기로서의 '김일성-김정일주의' · 101
　　김정은은 '주체혁명을 최종승리로 이끄는 위대한 영도자' · 103

7장　'인민대중제일주의' ——————————————— 107

　　'인민대중제일주의'의 정식화 · 109

8장　'우리 국가제일주의' ——————————————— 115

　　'전략국가'라는 자기평가의 등장 · 122
　　'우리 국가제일주의'와 '우리 민족제일주의' · 123
　　'우리 민족제일주의'를 승화·발전시킨 '우리 국가제일주의'와
　　　'덮어쓰기' · 126

9장　제8차 당대회와 당규약 개정 ——————————————— 129

　　제8차 당대회에서 김정은은 '당 총비서'로 · 129
　　당규약 개정 · 130
　　'민족해방' 노선의 삭제 · 131
　　'당중앙'의 등장 · 134
　　'당 제1비서' 직책 설치 · 138
　　'선군'에서 '인민대중제일주의'로 · 140
　　당대회의 '5년마다 개최'와 '당기관결정주의' · 140
　　'병진노선'에서 '자력갱생'으로 · 142
　　'5대 교양'의 수정 · 143
　　'사회주의문화의 전면 발전'과 '사회주의 완전 승리' · 144

10장 '인민적 수령'에의 길과 '김정은 혁명사상'의 등장 —— 147

'수령' 호칭의 등장 · 147

제8차 당대회에서 '인민적 수령'으로서 당 총비서에 추대 · 148

2021년 5월부터 '수령' 캠페인 · 149

수령에게 '보은'하라는 통치이데올로기 · 150

인민의 '위대한 어버이' · 152

'수령'이란 · 155

'수령'의 조건으로서의 '혁명사상의 창시, 심화 발전' · 160

'김정은동지의 혁명사상' · 161

'김일성-김정일주의'와 '김정은동지의 혁명사상' · 163

'전당과 온 사회를 김정은동지의 혁명사상으로 일색화하자!' · 165

'인민대중제일주의'의 딜레마 · 169

11장 "경애하는 김정은동지의 혁명사상은 위대한 김일성-김정일주의의 빛나는 계승이며 심화발전이다" —— 175

"위대한 김정은동지의 혁명사상으로 철저히 무장하자!" · 179

'김정은동지의 혁명사상으로 일색화'를 신념의 구호로 · 181

"인민의 탁월한 수령" · 183

새시대의 당 '5대 건설 방향' 제시, '령도예술' 삭제 · 184

'김정은동지의 혁명사상'은 '김일성-김정일주의'의 '계승, 심화, 발전' · 188

'김정은동지의 혁명사상'의 체계화 · 190

맺음말 · 197

참고문헌 · 211

제1장

김정일 총비서의 죽음과
김정은 시대 개막

'유훈관철'과 '일심단결'

김정일 총비서는 2011년 12월 17일에 사망했다. 김정일 총비서의 죽음은 2일 후인 19일에 발표되었는데, 김정은의 이름이 국가장의위원회의 최상위에 있었다. 조선노동당 중앙위, 당중앙군사위, 국방위원회, 최고인민회의 상임위, 내각 5기관이 발표한 '위대한 령도자 김정일동지의 서거에 즈음하여 전체 당원들과 인민군장병들과 인민들에게 고함'이라는 부고에서 "우리 혁명의 진두에는 주체혁명위업의 위대한 계승자이시며 우리 당과 군대와 인민의 탁월한 령도자이신 김정은동지께서 서계신다"라고 되어 있었는데, 이것으로 김정은 시대가 시작되었다. 부고에서는 김정일 총비서의 실적을 기리며 김정은의 영도에 따를 것이 강조되었다.[1]

---

1 "위대한 령도자 김정일동지의 서거에 즈음하여 전체 당원들과 인민군장병들과 인민들에게 고함", ≪로동신문≫, 2011.12.20.

부고는 "우리 군대와 인민은 절대불변의 신념과 숭고한 도덕의리심을 지니고 위대한 령도자 김정일동지를 영원히 높이 우러러모시며 김정일동지의 유훈을 지켜 주체혁명, 선군혁명의 길에서 한치의 양보도, 한치의 드팀도 없을것이며 장군님의 불멸의 혁명업적을 견결히 옹호고수하고 천추만대에 빛내여나갈것이다"라면서 김정일 총비서의 '유훈'을 지켜 '주체혁명' '선군혁명'을 견지해갈 것임을 명확히 했다. 이것은 명확하게 '권력의 계승' 인 동시에 '사상의 계승' 작업이었다. 혼란을 피하고 신정권을 안정적으로 시작하기 위해서는 선대, 선선대의 실적을 '계승'하는 것은 피하기 어려운 일이었다고도 할 수 있었다.

그리고 "전체 당원들과 인민군장병들, 인민들은 존경하는 김정은동지의 령도를 충직하게 받들고 당과 군대와 인민의 일심단결을 굳건히 수호하며 더욱 철통같이 다져나가야 한다. 우리는 선군의 기치를 더욱 높이 들고 나라의 군사적위력을 백방으로 강화하여 우리의 사회주의제도와 혁명의 전취물을 튼튼히 지키며 새 세기 산업혁명의 불길, 함남의 불길을 온 나라에 세차게 지펴올려 경제강국건설과 인민생활향상에서 결정적전환을 이룩하여야 한다"라면서 당원, 군, 인민에게 '일심단결'을 호소하고 '선군' 깃발을 강화하고, '사회주의 제도와 혁명의 획득물'을 지키고 '경제강국 건설과 인민생활 향상'을 호소했다.

당 기관지 《로동신문》은 12월 22일 자 '위대한 김정일동지는 우리 군대와 인민의 심장속에 영생하실것이다'라는 제목의 사설에서 "우리는 위대한 장군님께서 바라시던대로 경제강국건설과 인민생활향상에서 결정적전환을 일으켜 강성부흥의 그날을 하루빨리 앞당겨와야 한다. 위대한 장군님께서 지펴주신 새 세기 산업혁명의 불길, 함남의 불길이 온 나라에 세차게 타번지도록 하여 인민경제 모든 부문, 모든 단위에서 일대 혁신이 일어나게 하여야 한다. 우리는 위대한 장군님의 유훈을 튼튼히 틀어쥐고 이 땅, 이

하늘아래 반드시 세계가 우러러보는 주체의 강성국가를 일떠세울것이다"라고 호소했다.[2]

여기에서는 김정일 총비서의 '유훈'이 '경제대국 건설과 인민생활 향상에서 결정적 전환'이라고 되어 있다. 김정일 총비서가 2012년 "강성대국의 대문을 열겠다"고 반복해서 강조해 온 것을 반영한 호소였다.

북한은 수령제 국가이다. 최고지도자가 사망했을 때 가장 먼저 요구되는 것은 사망한 최고지도자의 유지를 계승하는 것이며, 후계자를 중심으로 단결하는 것이다. 최고지도자의 사망이라는 구심점의 상실이 혼란을 초래해서는 안 된다.

여기서 문제가 되는 것은 김정일 총비서의 '유훈'이 무엇인가 하는 점이다. 김정일 총비서의 통치이데올로기였던 '선군사상'과 2012년에 "강성대국의 대문을 열겠다"라는 목표가 '유훈'이라고 생각하는 것도 가능하다.

이 당시 북한의 주장을 정리하면 '유훈'의 중심적인 과제는 '선군'을 고수하고 '사회주의'를 지키며 '경제강국 건설과 인민생활 향상'을 실현하는 것이었다. 이를 위해 '일심단결'해야 한다는 논리다.

여기에서 생기는 의문은 '유서'에 가까운 의미의 특별한 '유훈'이 있었는가 하는 것이다.

당중앙위 정치국이 12월 30일 김정은을 최고사령관으로 "높이 모시였다"고 보도했을 때 '조선로동당 중앙위원회 정치국회의에 관한 보도'는 "정치국회의에서는 위대한 령도자 김정일동지의 주체100(2011)년 10월 8일의 유훈에 따라 조선로동당 중앙군사위원회 부위원장이신 경애하는 김정은동지를 조선인민군 최고사령관으로 높이 모시였다는것을 정중히 선포하였

---

2 "〈사설〉 위대한 김정일동지는 우리 군대와 인민의 심장속에 영생하실 것이다", ≪로동신문≫, 2011.12.22.

다"고 보도해 김정은을 최고사령관에 높이 모시였다는 것이 김정일 총비서의 10월 8일 '유훈'에 근거한 것임을 밝혀 '10월 8일 유훈'이라는 것이 존재한다는 것을 분명히 했다.[3]

북한에서 2016년 1월 발간된『김정일 선집 증보판 25권』416쪽부터 427쪽에는 '백두에서 개척된 주체혁명을 대를 이어 끝까지 계승완성 하여야 한다 조선로동당 중앙위원회 책임일군들과 한 담화 주체100(2011)년 10월 8일, 12월 15일'이라는 담화가 수록되어 있다. 북한이 공식적으로 '유훈'의 존재와 그 내용을 구체적으로 밝혔다고 할 수 있다. 이에 따르면 담화는 10월 8일과 사망하기 이틀 전인 12월 15일, 두 번에 걸쳐 이뤄진 것이 된다.[4]

이 담화는 김정은이 얼마나 훌륭한 인물인지를 강조하고, 주체혁명 위업은 대를 이어 계승해야 한다는 문맥에서 김정은에의 권력 계승을 정당화하는 내용이었다. 김정일 총비서가 10월 8일과 12월 15일에 한 담화 모두가 이 선집에 그대로 수록되어 있는지는 분명하지 않다. 김정은에 대한 권력 계승을 정당화하기 위해 그와 관련된 부분만 정리했을 가능성도 있다. 하지만 김정일 총비서가 구체적인 '유훈'을 남겼다고 생각하는 것이 타당할 것이다.

담화는 "김정은동지의 사상과 령도는 곧 나의 사상과 령도입니다", "모든 일군들이 김정은동지를 진심으로 받들어야 하겠습니다", "김정은동지를 주체혁명위업을 계승해나갈 령도자로 내세운 것은 우리 당과 인민의 더없는 행운이고 자랑이며 영광입니다. 김정은동지를 잘 받들어나가는 여기에 모

---

3 "조선로동당 중앙위원회 정치국회의에 관한 보도", ≪로동신문≫, 2011.12.31.

4 "백두에서 개척된 주체혁명위업을 대를 이어 끝까지 계승 완성하여야 한다. 조선로동당 중앙위원회 책임일군들과 한 담화 주체100(2011)년 10월 8일, 12월 15일", 『김정일선집』(증보판 25권).

든 승리의 결정적담보가 있습니다"라고 김정은에의 권력승계의 정당성을 주장했다.

김정은은 2010년 9월 제3차 당대표자회에서 당 중앙군사위 부위원장으로 선출됐지만, 담화는 이에 대해 "김정은동지가 당의 중요한 공직에서 사업하게 됨으로써 우리당과 혁명의 전도를 좌우하는 근본문제인 령도의 계승문제, 주체혁명의 계승문제를 빛나게 해결할수 있는 조직적기초가 튼튼히 마련되게 되었습니다"라고 자리매김했다. 그리고 "앞으로 어차피 김정은동지가 우리 일군들과 인민군장병들 인민들이 넘원하는대로 당과 국가, 군대의 전반사업을 밑아보게 될것입니다. 우리는 위대한 수령님께서 개척하시고 우리 당이 승리의 한길로 이끌어온 주체혁명위업을 김정은동지의 령도따라 대를 이어 계승완성해나가야 합니다"라고 김정은을 최고지도자로 하여 주체혁명위업을 계승, 완성해야 한다고 호소했다. 김정일은 '앞으로'라고 말했지만, 그날이 불과 약 2개월 후라고는 생각하지 못했을 것이다.

이 담화에서 흥미로운 것은 김정은의 어머니(고용희)에 대해 언급하고 있다는 것이다. 2002년경 군 내부에서 '존경하는 어머님'으로 고용희에 대한 우상화가 이루어진 적이 있었지만, 그 후 그런 움직임은 멈췄다. 이 때문에 북한의 공식 문헌이 재일조선인 출신 고용희를 언급하는 것은 아주 드문 일이다. 김정일 총비서는 이 담화에서 "그의 어머니는 김정은동지를 조선혁명을 책임진 주인을, 우리조국의 미래를 더메고나갈 참다운 혁명명가로 키우기위하여 많은 품을 들였습니다"라고 어머니의 공적을 칭송했다. 게다가 "그는 김정은동지에게 어릴 때부터 군복을 해입히고 총쏘는 법도 가르쳐주면서 군사적 기질을 키위주었으며 제손으로 땅을 파고 물을 주며 나무를 정성껏 심게 하여 애국의 넋을 간직하도록 하였습니다. 김정은동지가 어머니를 잊지 못하면서 가슴뜨겁게 추억하고있는 것은 당연한 일입니다"라고 고용희의 육아 방침이나 어머니를 생각하는 김정은의 마음에 대해서도 언급했다.

이 담화도 일관되게 '선군'의 중요성을 강조하고 있다. "선군혁명의 기치를 높이 추켜들고 인민군대를 더욱 강화하여야 하겠습니다. 인민군대는 선군혁명의 주력군이고 기둥이며 당과 수령의 제일호위병입니다. 우리는 인민군대를 강화하는 것을 혁명의 승패를 좌우하는 중요하고 제1의 문제로 여기에 계속 큰 힘을 넣어야 합니다. 인민군대를 수령의 군대, 당의 군대, 인민의 군대로서 더욱 강화 혁명의 핵심부대로서 스스로의 사명과 역할을 다해 나가도록 해야 한다"라고 선군혁명의 계승을 강조했다. 그리고 "인민군대 안에 김정은동지의 령군체계를 철저히 세워야 합니다. 인민군대에서는 김정은동지의 명령일하의 전군이 하나와같이 움직이는 엄격한 명령지휘체계와 혁명적군풍을 철저히 세우도록 하여야 합니다"라며 군이 김정은의 명령을 따라야 한다고 했다.

나아가 담화는 '일심단결'을 강조했다. "혁명승리의 기본담보는 령도자를 중심으로 한 단결에 있습니다. 령도자를 중심으로 한 일심단결은 우리혁명의 천하지대본입니다. 일심단결은 대를 이어 계승되여야 합니다. 김정은동지를 중심으로 하는 당과 혁명대오의 일심단결을 확고히 실현하는 여기에 우리혁명의 생명이 있고 승리가 있다는 것을 명심하여야 합니다"라고 지적했다.

북한에서 '일심단결'이란 '인민대중의 정치사상적 통일'이다. 즉 그것은 "하나의 사상, 수령의 혁명사상에 기초하여 일심단결된 인민대중의 통일, 사회주의제도가 수립된 다음 로동계급이 수령의 탁월한 령도에 의하여 이루어지며 인민대중을 혁명의 주체로한다"는 것이다.[5]

---

5 『조선대백과사전』(간결판), 1121쪽(일심단결), 1113쪽(인민대중의 정치사상적 통일).

참고로 김일성 주석이 1994년 7월 사망한 후 1995년 신년공동사설에서도 "우리는 우리 당과 인민의 위대한 령도자이신 경애하는 최고사령관 김정일동지의 두리에 철통같이 뭉쳐 있는 우리 혁명대오의 일심단결의 위력을 더욱 굳건히 다져나가야 한다"고 '일심단결'이 강조되었다.[6]

한편 김정일 총비서의 '유훈'에 대해서는 한국의 ≪중앙일보≫가 2012년 4월 13일, 탈북자 이윤걸 북한전략정보센터 소장이 '북한 최고위층과 연락을 취할 수 있는 복수의 소식통으로부터 입수한 자료'라고 하며 보도한 적이 있다.[7]

이에 따르면 국내 부분에서는 ▽ 유언 집행은 김경희(김정은의 고모)가 한다, ▽ 1년 이내에 김정은을 최고직책에 올려 세운다, ▽ 김정은을 당에서는 김경희·장성택·최룡해·김경옥, 군에서는 김정각·리영호·김격식·김명국·현철해, 경제에서는 최영림과 김창룡·서원철·김영호가 책임 보좌한다, ▽ 김정남(김정일의 장남)을 많이 배려해라, 그 애는 나쁜 애가 아니다. 그의 애로를 덜어줄 것, ▽ 김설송(김정일 장녀)을 정은의 협력자로 밀어줄 것, ▽국내 삼천리금고와 2·16호 자금을 김정은에게 이관하고 해외 자금은 김정, 리철호와 합의하여 김정은에게 이관할 것 등이 포함되어 있었다.

핵, 미사일 등 대외정책에서는 ▽ 선군사상을 끝까지 고수할 것, 국방에 소홀하면 대국의 노예가 된다, ▽ 핵, 장거리 미사일, 생화학무기를 끊임없이 발전시키고 충분히 보유하는 게 조선반도의 평화를 유지하는 길, ▽ 미국과의 심리적 대결에서 반드시 이길 것, 합법적인 핵보유국으로 당당히 올라 미국의 영향력을 약화할 것, ▽ 국제 제재를 풀어 경제발전을 위한 대

---

6 "≪로동신문≫, 신문 ≪조선인민군≫, ≪로동청년≫ 공동사설: 위대한 당의 령도를 높이 받들고 새해의 진군을 힘있게 다그쳐나가자", ≪로동신문≫, 1995.1.1.

7 "중국 믿지 마라, 김정남을 … 김정일 유서 공개," ≪중앙일보≫, 2012.4.13.

외적 조건을 정비할 것, 6자회담을 잘 이용할 것, ▽ 중국은 현재 우리와 가장 가깝지만 앞으로 가장 경계해야 할 국가, ▽ 김씨 가문에 의한 조국 통일이 궁극적 목표라는 내용이었다.

≪중앙일보≫는 2013년 1월 29일 자에서 한국 정부가 44개 항목으로 구성된 '10·8 유훈'을 입수해 분석하고 있다고 보도했다.[8] 이것은 거의 2012년 4월 보도와 같은 내용이었고, 44개 항목을 모두 파악했었다고 한다.

매우 흥미로운 내용이 포함되어 있지만, 이 '유훈'이 진짜인지는 불분명하다. 김정은은 이복형 김정남의 고생을 덜어주기는커녕 말레이시아에서 암살해 버렸다.

'자주, 선군, 사회주의'

앞서 언급했듯이 김정은이 최고 권력자가 된 첫 새해인 2012년 첫날 당 기관지 ≪로동신문≫, 국방위원회 인민무력부 기관지 ≪조선인민군≫, 김일성사회주의 청년동맹 중앙위 기관지 ≪청년전위≫의 '공동사설'이 발표되었다.[9]

어떤 의미에서 2012년 새해 공동사설은 새로 시작된 김정은 시대의 방향성을 보여주는 문서라고 할 수 있다. 물론 예년 공동사설 준비는 가을부터 시작되어 12월 17일 김정일 총비서 사망이라는 새로운 사태에 직면해 김정

---

8 "김정일 '장녀 김설송은 정은의 방조자 되어…'", ≪중앙일보≫, 2013.1.29.

9 "≪로동신문≫, ≪조선인민군≫, ≪청년전위≫ 공동사설: 위대한 김정일동지의 유훈을 받들어 2012년을 강성부흥의 전성기가 펼쳐지는 자랑찬 승리의 해로 빛내이자", ≪로동신문≫, 2012.1.1.

은 시대에 맞게 수정이 가해진 공동사설이라고 할 수 있었다.

'공동사설'에서 강조된 것도 김정은이라는 새로운 영도자에 대한 충성, 김정일 총비서의 '유훈관철'이자 당, 군, 인민의 '일심단결'이었다. '유훈관철'이란 김정일 시대를 '계승'하자는 것이었다.

사설은 "새로운 주체100년대의 진군은 백두에서 시작된 혁명적진군의 계속이다. 위대한 수령님 따라 시작하고 장군님 따라 백승떨쳐온 우리 혁명을 김정은동지의 령도따라 영원한 승리로 이어나가려는 우리 군대와 인민의 의지는 확고부동하다"며 '김정은동지의 영도'를 강조했다.

사설은 "위대한 김정일동지의 혁명업적과 유훈은 우리가 영원히 틀어쥐고나가야 할 생명선이며 혁명의 만년재보이다. 우리는 그 어떤 천지풍파가 닥쳐와도 위대한 장군님께서 물려주신 혁명유산을 굳건히 고수하여야 한다"고 유훈관철을 호소했다.

그리고 "2012년은 위대한 수령, 위대한 당을 따라 세대와 세대를 이어오며 다져온 우리의 정치사상적위력이 최대한으로 발휘되는 일심단결의 해, 불타는 충정의 해"라고 '일심단결'을 강조했다.

사설은 "경애하는 김정은동지는 곧 위대한 김정일 동지이시다"라며 '김정은=김정일'이라는 동일화를 주민의 의식에 담아 김정은 후계체제에 대한 충성을 맹세하고 단결을 강조했다. 공동사설의 제목에도 등장한 것처럼 공동사설에는 '유훈'이라는 말이 10회 등장했다. 이는 김일성 주석이 사망한 이듬해인 1995년의 4회를 크게 웃돌았다. 김정은 권위의 취약성을 김정일 총비서의 유훈으로 커버하려고 한 것이다. 게다가 '단결'도 9회 등장해 2011년의 4회보다 크게 많았다.

또 2012년 신년 공동사설은 "우리는 위대한 수령 김일성동지께서 개척하신 자주의 길, 선군의 길, 사회주의의 길을 끝까지 걸어나감으로써 수령님의 혁명력사, 장군님의 선군혁명령도사가 변함없이 흐르게 하여야 한다"

라고 강조하며 '사회주의' 견지를 명확히 했다.

그 위에 사설은 "새 100년대의 진군의 희망의 표대는 백두산위인들의 위대한 혁명사상이고 필승의 보검은 백두령장들의 담대한 배짱이며 공격방식이다. 우리는 위대한 수령 김일성동지께서 개척하신 자주의 길, 선군의 길, 사회주의의 길을 끝까지 걸어나감으로써 수령님의 혁명력사, 장군님의 선군혁명령도사가 변함없이 흐르게 하여야 한다"면서 김정일 사후에도 자주, 선군, 사회주의의 길을 걸어갈 것을 명언했다.

공동사설은 김일성 주석, 김정일 총비서, 김정은의 3대를 이어가는 최고지도자의 혁명위업을 '자주', '선군', '사회주의'라는 세 가지 아이템으로 집약했다. 김정일 총비서는 만년 "지난날 수령님께서는 늘 우리 인민들이 흰쌀밥에 고기국을 먹으며 비단옷을 입고 기와집에서 살게 하여야 한다고 하시였는데 우리는 아직 수령님의 이 유훈을 관철하지 못하고 있다. 나는 최단기간안에 인민생활문제를 풀어 우리 인민들을 남부럽지 않게 잘 살도록 할데 대한 수령님의 유훈을 반드시 관철하자고 한다!"고 한탄했다.[10] 이 말에 담긴 '인민생활의 향상'은 '유훈'의 이념적 집약에서 떨어져 나갔다.

그 뒤 북한에서는 '자주, 선군, 사회주의'가 김일성 주석, 김정일 총비서와 김정은을 잇는 이념적 아이템으로 사용된다.

2012년 1월 27일 '우리민족끼리'의 논평 '일심단결은 영원한 선군 조선의 모습'(조원철 기자)에서는 "지금 우리 인민들은 백두산 천출위인들의 애국애족의 생애가 자주의 기치, 선군의 기치, 사회주의의 기치를 끝까지 높이 추켜들어 경애하는 김정은동지의 두리(주위)에 일심단결해 주체혁명위업을 빛나게 완성해 조국통일위업을 반드시 성취하고야 말 것이라는 일념으

---

10 "새로운 승리에로 부르는 전투적기치", ≪로동신문≫, 2010.1.9.

로 가슴 끓이고 있다"라고 '자주' '선군' '사회주의'라는 세 개의 아이템이 김정은 시대의 중요한 개념이라고 했다.[11]

≪로동신문≫ 2012년 2월 11일 자에 실린 동태관의 정론 '인민의 눈물이 말한다'에서는 "오늘도 기적소리 높이 울리며 질풍같이 달리는 김정일조선의 기관차는 자주의 궤도, 선군의 궤도, 사회주의의 궤도를 따라 곧바로, 전속으로 달려 반드시 강성대국최후승리의 종착역에 가닿을 것이다"라고 지적했다. 즉, 자주, 선군, 사회주의를 관철하면 '강성국가건설'이라는 목표에 도달한다는 것이다.[12]

나아가 같은 12일 양강도의 '백두산 밀영'에서 열린 '결의대회'에서 김기남 당비서는 "김정은동지를 결사옹위하며 어버이 장군님의 고귀한 혁명유산인 일심단결을 철통같이 다지고 자주의 길, 선군의 길, 사회주의의 길을 끝까지 걸어나가겠다"고 말했다.[13]

나아가 ≪로동신문≫ 2월 16일 자 사설은 "자주와 선군, 사회주의는 어버이 장군님께서 한평생 추켜드신 혁명의 기치, 애국의 기치이다. 오늘 우리에게는 이 길밖에 다른 길이 있을 수 없다. 우리는 세상이 열백번 변한다 해도, 어떤 시련이 닥쳐온다 해도 자주의 원칙, 선군의 원칙, 사회주의의 원칙을 변함없이 고수해나가야 한다"고 했다.[14]

이렇게 북한은 김일성 주석, 김정일 총비서, 김정은을 관철하는 이념적인 원칙으로 '자주', '선군', '사회주의'를 내걸게 되었다.

---

11 "일심단결은 영원한 선군 조선의 모습", 우리민족끼리, 2012.1.27.

12 "〈정론〉 인민의 눈물이 말한다", ≪로동신문≫, 2012.2.11.

13 "北 백두산밀영서 '김정은 결사옹위' 결의대회", 연합뉴스, 2012.2.13.

14 "〈사설〉 위대한 령도자 김정일동지의 불멸의 혁명업적을 만대에 길이 빛내여나가자", ≪로동신문≫, 2012.2.16.

그러나 그것은 김정은의 통치이념이 아니고, 정확하게는 이 세 가지 이념은 김일성 주석과 김정일 총비서의 통치이념이었고, 이제 막 시작한 김정은의 통치이념이라고 말하기는 어렵다. 김정은은 우선 선대, 선선대의 통치이념인 '자주, 선군, 사회주의'를 '유훈'으로 '계승'하여 자신의 시대를 시작했다. 한편, 김일성 주석도 김정일 총비서도 실현할 수 없었던 '인민생활의 향상'이라는 '유훈'은 그 세 가지 이념의 결과물로 동태관의 말을 빌리면 '종착역'으로 미뤄버렸다.

김정은으로서는 이 당시 당연했던 '선군'이라는 틀을 계승할 수밖에 없었다. 그러나 '선군'은 북한이 1990년대 '고난의 행군'을 극복하기 위한 비상시의 통치이념이며, 북한의 통치를 정상화한다면 '선군'의 틀에서 어떻게 빠져나올 수 있는지가 자신에 부과된 과제가 되었다고 할 수 있다.

제2장

'김일성-김정일주의'

"처녀작이 그 작가를 규정한다"

혼히 "처녀작이 그 작가를 규정한다"라고 한다. 이름 있고 많은 저작이 있는 작가라도 그 작가의 본질은 처녀작에 담겨 있다는 뜻이다.

김정은의 처녀작은 2012년 4월 6일 조선노동당 중앙위원회의 책임일군들과 한 담화 '위대한 김정일동지를 우리 당의 영원한 총비서로 높이 모시고 주체혁명위업을 빛나게 완성해나가자'와 고 김일성 주석 탄생 100주년인 4월 15일 경축 열병식에서 실시한 연설 '선군의 기치를 더 높이 추켜들고 최후승리를 향하여 힘차게 싸워나가자' 등 두 개다. 당 간부에 대한 담화가 4월 6일로 연설보다 빠르지만, 이 담화가 공표된 것은 4월 19일로 연설보다 늦다.

담화는 당 간부를 상대로 한 것이고, 연설은 김정은이 대외적으로 한 최초의 연설이었다. 이 두 가지 '노작'은 김정은이 안고 있는 과제나 지향해야 할 방향성 등 많은 것을 포괄하고 있다.

이 글에서는 김정은 정권이 등장하고 10년이 지나는 시점에서 쓰고 있지만, 이 두 개가 김정은 10년 여정의 출발점이 된 연설이며, 그 후의 이념적인 방황의 원류를 볼 수 있다.

우선은 시간 순서에 따라 '4·6 담화'부터 그 내용을 검토해 보자.

김정은의 '4·6 담화'

김정은은 2012년 4월 6일 조선노동당 중앙위원회의 책임일군들과 한 담화 '위대한 김정일동지를 우리 당의 영원한 총비서로 높이 모시고 주체혁명위업을 빛나게 완성해나가자'에서 "조선로동당의 지도사상은 위대한 김일성-김정일주의입니다"라며 '김일성-김정일주의'를 공식적으로 제시했다.[1]

담화는 "조선로동당의 지도사상은 위대한 김일성-김정일주의입니다. 조선로동당은 김일성-김정일주의를 지도사상으로 하고 그 실현을 위하여 투쟁하는 영광스러운 김일성-김정일주의당입니다"라고 말하며 조선노동당의 지도이념은 '김일성-김정일주의'이며 조선노동당은 '김일성-김정일주의당'이라고 정식화했다.

그리고 "김일성-김정일주의는 주체의 사상, 리론, 방법의 전일적인 체계이며 주체시대를 대표하는 위대한 혁명사상입니다. 우리는 김일성-김정일주의를 지도적지침으로 하여 당건설과 당활동을 진행함으로써 우리 당의 혁명적성격을 고수하고 혁명과 건설을 수령님과 장군님의 사상과 의도대로 전진시켜나가야 합니다"라고 강조했다.

---

1 "김정은 〈위대한 김정일동지를 우리 당의 영원한 총비서로 높이 모시고 주체혁명위업을 빛나게 완성해나가자〉", ≪로동신문≫, 2012.4.19.

"우리는 위대한 장군님의 현명한 령도밑에 온 사회의 김일성주의화를 당의 최고강령으로 내세우고 줄기차게 투쟁하여온것처럼 앞으로도 온 사회를 김일성-김정일주의화하기 위한 투쟁을 더욱 힘차게 벌려나가야 합니다", "우리 당을 영원히 김일성, 김정일동지의 당으로 강화발전시켜 나간다는것은 김일성-김정일주의를 당의 지도사상으로 확고히 틀어쥐고 당건설과 당활동을 철두철미 수령님과 장군님의 사상과 의도대로 진행해나간다는것입니다"라고 말했다.

새롭게 최고지도자가 된 김정은이 2012년 4월 11일 제4회 당대표자회를 앞두고 조선노동당의 지도이념을 '김일성-김정일주의'로 정식화했다.

'김일성-김정일주의'는 이미 김정일 시대의 구호

'김일성-김정일주의'라는 말이 북한 공식 미디어에 처음 등장한 것은 2012년 3월 31일 자 ≪로동신문≫이었다. ≪로동신문≫은 1면 하단에 '우리 당과 우리 인민의 위대한 령도자 김정일동지께서 불후의 고전적로작 『주체사상에 대하여』를 발표하신 30돐기념중앙보고회 진행'이라는 조선중앙통신 기사를 실었다.[2]

이 기사에서 흥미로운 것은 중앙보고대회 진행 과정에서 "〈위대한 김일성동지와 김정일동지의 혁명사상으로 철저히 무장하자!〉, 〈전당과 온 사회를 김일성-김정일주의화 하자!〉, 〈경애하는 김정일동지의 위대한 혁명업적은 천만년 길이 빛나리라!〉라는 구호들이 나붙어있었다"고 소개한 것

---

2 "우리 당과 우리 인민의 위대한 령도자 김정일동지께서 불후의 고전적로작 『주체사상에 대하여』를 발표하신 30돐기념중앙보고회 진행", ≪로동신문≫, 2012.3.31.

이다.

북한 사회에서 '구호'는 개인이 마음대로 만들 수 있는 것이 아니다. 당 선전선동부가 총괄하고 머리를 짜서 만들어내는 것이다. 김정은이 당 간부에 대한 담화를 내기 전에 '주체사상에 대하여' 발표 30주년 중앙보고대회에서 "전당과 온 사회를 김일성-김정일주의화하자!"는 슬로건이 회의장에 장식되어 있었던 것은 '4·6 담화' 발표 이전에 '김일성-김정일주의'라는 말이 북한 사회에 정착하고 있었다는 것을 의미한다.

김정은도 '4월 6일 담화'에서 "김일성주의를 시대와 혁명발전의 요구에 맞게 발전풍부화시키신 장군님의 특출한 업적으로 하여 이미전부터 우리 당원들과 인민들은 수령님의 혁명사상과 장군님의 혁명사상을 결부시켜 김일성-김정일주의로 불러왔으며 김일성-김정일주의를 우리 당의 지도사상으로 인정하여왔습니다. 하지만 한없이 겸허하신 장군님께서는 김정일주의는 아무리 파고들어야 김일성주의밖에 없다고 하시면서 우리 당의 지도사상을 자신의 존함과 결부시키는것을 극력 만류하시었습니다"라고 말했다.

이 담화를 보면 북한 사회에서는 '김일성-김정일주의'라는 말이 당원과 인민들 사이에서 사용되고 있었지만, 김정일 총비서가 "아무리 파고들어야 김일성주의밖에 없다"고 하면서 자신의 이름을 김일성 주석의 이름과 함께 늘어놓는 '사상'이나 '주의'의 형태로 하는 것에 반대했으나 김정은이 이를 '김일성-김정일주의'라고 정의했다는 것이다.

북한은 2012년 2월 7일 〈위대한 령도자 김정일동지께서 인민군대를 강화하기위한 사업을 정력적으로 지도 주체100(2012)년〉이라는 약 50분 분량의 기록영화를 방영했다.[3] 김정일 총비서가 2011년 군부대를 시찰한 영상을 편집한 것으로 사후 방영된 것이다.

이 기록영화에는 김정일 총비서가 2011년 7월 13일 조선인민군 963 군

<위대한 령도자 김정일동지께서 인민군대를 강화하기 위한 사업을 정력적으로 지도: 주체100(2012)>, 조선중앙TV, 2012.2.7.

부대 지휘부를 시찰하는 모습이 수록되어 있다. 이 가운데 부대 안에 "전군을 김일성-김정일주의화하자!"는 구호를 쓴 간판이 걸려 있었다. 이는 김정일 총비서가 사망하기 전인 2011년 7월 단계에서 "전군을 김일성-김정일주의화하자!"는 구호가 인민군 내부의 구호로 받아들여지고 있었다는 것을 보여주는 것이었다.

---

3 <위대한 령도자 김정일동지께서 인민군대를 강화하기위한 사업을 정력적으로 지도: 주체100(2021)>, 조선중앙TV, 2012.2.7. 필자가 '김일성-김정일주의'와 관련한 이 영상을 발견한 것은 아니다. 2012년 필자가 어느 연구모임에서 김정은 정권 초기의 지도이념에 대해 발표를 했을 때 연구모임에 참가했던 카잔카이(霞山会)의 홋타 유키히로(堀田幸裕) 씨가 나중에 가르쳐주신 것이다. 홋타 씨는 북한 방송을 모니터하고 있는 '라디오프레스'의 친구에게 들었다고 했다.

김정은 자신도 '4·6 담화'에서 "이미 전부터 우리 당원들과 인민들은 수령님의 혁명사상과 장군님의 혁명사상을 결부시켜 김일성-김정일주의로 불러왔으며"라고 말했다. 하지만 이는 김정일 총비서 사후가 아니라 김정일 시대부터 이 구호가 북한 사회에 정착해 있었다는 것을 의미하는 것으로 보였다.

아마도 그때까지는 자신의 이름을 김일성 주석과 동렬로 취급하는 것을 인정하지 않았던 김정일 총비서가 2008년 건강이 악화해 2009년 1월 김정은을 후계자로 결정함으로써 김정은 후계정권을 생각해 자신의 이름을 김일성 주석과 함께 열거한 '김일성-김정일주의'라는 말을 용인한 것으로 보였다.

'김일성-김정일주의'를 당의 지도사상으로 정식화

그리고 김정은의 '4·6 담화'는 "오늘 우리 당과 혁명은 김일성-김정일주의를 영원한 지도사상으로 확고히 틀어쥐고 나갈것을 요구하고 있습니다"라며 "김일성-김정일주의는 주체의 사상, 리론, 방법의 전일적인 체계이며 주체시대를 대표하는 위대한 혁명사상입니다. 우리는 김일성-김정일주의를 지도적지침으로 하여 당건설과 당활동을 진행함으로써 우리 당의 혁명적성격을 고수하고 혁명과 건설을 수령님과 장군님의 사상과 의도대로 전진시켜나가야 합니다"라며 '김일성-김정일주의'를 당의 지도사상으로 정식화했다.

그리고 "온 사회의 김일성-김정일주의화는 우리 당의 최고강령입니다. 온 사회의 김일성-김정일주의화는 온 사회의 김일성주의화의 혁명적계승이며 새로운 높은 단계에로의 심화발전입니다"라며 북한이 전 사회를 김일성주의화한 것처럼 김정은 시대에는 온 사회를 '김일성-김정일주의화'해야 한다고 호소했다.

그러나 '4·6 담화'는 '김일성-김정일주의'를 정식화했지만, 그것이 어떠한 사상인지에 대해서는 언급하지 않았다. 김일성 주석이나 김정일 총비서의 사상을 옹호, 발전해야 한다고 하는데, 김일성 주석의 사상이란 무엇인가, 김정일 총비서의 사상이란 무엇인가 하는 문제에 대해 충분히 답하고 있다고는 말할 수 없다. 외부사회에서 보면 그것은 '주체사상'과 '선군사상'이라고밖에 생각할 수 없으며, 그렇다고 하면 '김일성-김정일주의'라는 하나의 정식화된 틀에서 새로운 사상이 추가되었던 것은 아니다. 김일성 주석의 '주체사상'은 존재하고 김정일 총비서의 '선군사상'은 존재하지만, '김일성-김정일주의'라는 것은 도대체 어떠한 사상인가 하는 언급이 빠져 있었다. 아마도 당시에는 구체적인 내용이 갖추어지지 않았을 것이다.

그리고 "우리 당을 영원히 김일성, 김정일동지의 당으로 강화발전시키는데서 중요한것은 당의 유일적령도체계를 더욱 철저히 세우는것"이라고 말해 김정은을 최고지도자로 한 '당의 유일적 지도체계'의 확립을 호소했다. 선대와 선선대의 사상을 옹호, 발전시키려면 자신의 '유일적 영도체계'의 확립이 필요하다고 강조했던 것이다.

조선노동당은 '이민위천'의 당

'4·6 담화'는 "우리는 인민을 끝없이 존중하고 인민의 리익을 절대시하며 인민들을 참다운 어머니심정으로 보살펴주어야 합니다"라면서 "이민위천을 좌우명으로 삼으신 수령님과 장군님의 숭고한 뜻을 받들어 인민을 하늘같이 여기고 무한히 존대하고 내세워주며 인민의 요구와 리익을 첫자리에

놓고 모든 사업을 진행하여야 합니다"라고 언급했다.

김정은은, 김일성 주석과 김정일 총비서가 좌우명으로 삼았던 '이민위천 (以民爲天, 인민을 하늘같이 소중히 여긴다)'을 자신도 계승하기로 했다. 이는 나중에 '인민대중제일주의'로 발전하는 김정은 시대의 사상적 출발점이었다.

담화는 "당조직들은 어머니된 심정으로 언제나 사람들을 진심으로 아끼고 사랑하며 그들의 정치적생명을 끝까지 책임지고 빛내여주어야 합니다. 어머니가 못난 자식, 말썽많은 자식이라고 하여 버리지 않고 더 걱정하고 마음을 쓰듯이 당조직들은 모든 사람들을 다 당의 품에 안아주고 장군님과 정으로 이어지게 하여야 합니다. 당조직들은 일하는 과정에 과오를 범한 사람이라 하더라도 외면하지 말고 품어주며 끝까지 교양하여 혁명대오에서 삶을 빛내이도록 하여야 합니다"라고 조선노동당을 '어머니당'이 되도록 할 것을 호소했다.

나아가 "민심을 떠난 일심단결이란 있을수 없습니다. 당조직들은 군중의 목소리를 귀담아 듣고 군중속에서 제기되는 문제들을 제때에 풀어주어야 하며 민심을 소홀히 하거나 외면하는 현상들과 강한 투쟁을 벌려야 합니다" 라면서 나중에 '인민대중제일주의'로 발전하는 민심 중시의 사고방식을 강조하면서 김정일 총비서가 추진했던 국방력 강화를 계속하겠다고 했다.

'선군 견지'와 '인민생활 향상'의 병진 노선

'4·6 담화'는 "우리는 당의 선군혁명로선을 틀어쥐고 나라의 군사적위력을 백방으로 강화해나가야 합니다"라고 김정일 총비서의 '선군 노선'의 계승을 확인했다.

담화는 "선군은 우리의 자주이고 존엄이며 생명입니다"라며 "인민군대를 강화하는데 계속 큰 힘을 넣어야 합니다. 선군의 위력은 인민군대의 위력이며 군력을 강화하는데서 기본은 인민군대를 강화하는것입니다"라고 조선인민군 강화 방침을 제시했다.

나아가 "우리는 수령님과 장군님께서 국방공업에 쌓아올리신 불멸의 업적을 옹호고수하며 선군시대 경제건설로선의 요구대로 국방공업발전에 선차적인 힘을 넣어 나라의 군사력을 백방으로 강화하여야 합니다"라며 국방력 강화를 강조했다.

또한, 김정은은 "우리는 인민생활 향상과 경제강국 건설에서 결정적전환을 일으켜야 합니다"라면서 '경제건설'과 '인민생활의 향상'을 강조했다. 그 위에 "장군님(김정일 총비서)께서는 나라의 경제발전과 인민생활향상에 모든 사업을 복종시키도록 하시였다"면서 "인민들의 생활을 보다 윤택하게 하고 나라의 경제를 빠른 기간에 추켜세울수 있는 튼튼한 토대를 마련해주시였습니다. 우리는 장군님께서 품을 들여 마련해주신 귀중한 밑천들이 은을 내게 하여 언제나 변함없이 우리 당만을 믿고 따르는 인민들을 세상에서 가장 행복한 인민으로 내세워야 합니다. 이것은 위대한 장군님의 절절한 념원이였으며 우리 당의 확고한 결심이고 의지입니다"라고 호소했다.

김정은은 나아가 인민의 먹는 문제의 해결, 경공업에 힘을 넣을 것, 주택, 음료수, 연료 등 인민 생활과 밀접한 관련이 있는 문제의 해결에도 언급했다.

경제 운영에 대해서는 내각의 통일적인 지휘, 각급 당위원회가 내각책임제, 내각중심제를 강화하는 데 지장이 되는 현상과 싸울 것을 요구했다.

그러나 북한의 기본적인 문제는 '국방력 강화'와 '인민생활 향상'을 동시에 추진할 수 있을 것인가 하는 문제의식은 없었고, 이 두 가지를 동시에 추진하는 '병진 노선'의 자세를 보여주었다는 것이다. 이것은 나중에 명확해지는 '병진 노선'의 문제점이기도 했다. 경제건설과 핵·미사일 개발을 '병진'한다면서도 실태는 핵·미사일 개발 우선이며 '병진 노선'을 승리로 종료하고 경제건설에 전념한다고 하더라도 '국방력 강화'가 우선되었다.

'김일성-김정일주의'를 당규약에, 헌법은 '김일성·김정일헌법'으로

앞 장에서 언급한 대로 조선노동당은 2012년 4월 11일 제4회 당대표자회에서 당규약을 개정했다. 이 규약 개정을 통해 "조선노동당은 위대한 김일성동지와 김정일동지의 당"이라고 선언했다. 서문에서 "조선로동당은 위대한 김일성-김정일주의를 유일한 지도사상으로 하는 김일성-김정일주의당, 주체형의 혁명적당이다. 조선로동당은 위대한 김일성-김정일주의를 당건설과 당활동의 출발점으로, 당의 조직사상적공고화의 기초로, 혁명과 건설을 령도하는데서 지도적지침으로 한다"고 규정하고 김일성-김정일주의를 '유일 지도사상'으로 삼는다고 했다.

제4차 당대표자회에서의 당규약 개정 이후 ≪로동신문≫ 2012년 4월 13일 자 사설 '경애하는 김정은동지를 수반으로 하는 당중앙위원회의 두리에 굳게 뭉쳐 주체혁명의 위대한 승리를 이룩해나가자'는 "위대한 김일성-김정일주의 기치높이 전당과 온 사회의 사상적일색화를 보다 높은 단계에서 실현하며 당과 혁명대오의 일심단결을 천백배로 다져나가야 한다"고 호소했다.[4]

북한은 2012년 4월 13일 최고인민회의 제12기 제5차 회의를 열어 헌법을 개정했지만, 전문은 공표되지 않았다. 당초 양형섭 최고인민회의 상임위원

---

4 "〈사설〉 경애하는 김정은동지를 수반으로 하는 당중앙위원회의 두리에 굳게 뭉쳐 주체혁명의 위대한 승리를 이룩해나가자", ≪로동신문≫, 2012.4.13.

회 부위원장이 서문 내용에 대해 조금 설명했을 뿐이었다. 하지만 북한이 운영하는 웹사이트 '내나라'는 같은 해 5월 말에 헌법 전문을 공개했다.[5]

개정된 헌법 서문에서 김일성 주석뿐만 아니라 김정일 총비서의 실적도 칭송하면서 "조선민주주의인민공화국은 위대한 수령 김일성동지와 위대한 령도자 김정일동지의 사상과 령도를 구현한 주체의 사회주의조국"이라고 규정했다. 또한, "조선민주주의인민공화국 사회주의헌법은 위대한 수령 김일성동지와 위대한 령도자 김정일동지의 주체적인 국가건설사상과 국가건설업적을 법화한 김일성·김정일헌법이다"라면서 개정 헌법을 '김일성·김정일헌법'으로 규정했다.

헌법은 김일성 주석을 '영원한 주석', 김정일 총비서를 '영원한 국방위원장'으로 규정했다. 또한, 김정일 총비서의 업적으로 "김정일동지께서는 세계사회주의체계의 붕괴와 제국주의련합세력의 악랄한 반공화국압살공세 속에서 선군정치로 김일성동지의 고귀한 유산인 사회주의전취물을 영예롭게 수호하시고 우리 조국을 불패의 정치사상강국, 핵보유국, 무적의 군사강국으로 전변시키시였으며 강성국가건설의 휘황한 대통로를 열어놓으시였다"면서 북한을 '핵보유국, 무적의 군사강국'으로 만들었던 것을 꼽았다.

'김일성-김정일주의'란 무엇인가 하는 물음

김정은은 정권 출범 때부터 조선노동당의 지도이념을 '김일성-김정일주의'로 규정했다. 그러나 '김일성-김정일주의'란 무엇인가 하는 물음 앞에서

---

5 '내나라'가 2012년 5월 말에 공표한 조선민주주의인민공화국 사회주의헌법.

그 내용은 모호했다. 이 시점에서 그 내용이 무엇인가 하고 물으면 '주체사상'과 '선군사상'이라고 대답할 수밖에 없었다. 본래는 선대와 선선대의 이름을 잇는 사상에 새로운 '사상적인 핵'을 만들어야 하지만, 정권 출범 시에 그것이 있었는지는 불분명하다.

김정일은 1974년 2월 13일 열린 당중앙위 제5기 제8차 전원회의에서 후계자로 추대되지만, '김일성주의'라는 말은 그로부터 6일 후인 같은 해 2월 19일에 열린 '전국 당 사상사업부문 일군 강습회'에서 '온 사회를 김일성주의화하기 위한 당사상사업의 당면한 몇가지 과업에 대하여'라는 제목의 연설에서 처음 언급한 것이다.[6]

김정일은 "김일성주의는 주체 시대의 요구를 반영하여 태어난 새롭고 독창적이고 위대한 혁명사상이다. 김일성주의는 한마디로 주체의 사상, 리론, 방법의 전일적인 체계이다. 즉 주체사상과 그에 의해 밝혀진 혁명과 건설에 관한 리론과 방법의 전일적인 체계"라고 설명했다.

김정일은 '주체사상'을 '김일성주의화'함으로써 자신의 후계체제 만들기에 활용했다. '김일성주의'에는 그 핵심에 '주체사상'이 있었다.

또한, '김정일주의'라는 말은 1992년 8월 1일 자 ≪로동신문≫에 처음 등장했다. 중앙재판소 소장의 아내가 감사의 편지를 쓰면서 사용한 것이다. 노동당 간부 가운데서는 '김정일주의'라는 말이 1980년대부터 사용되었지만, 그 사상이 '주의'라고 할 이론 체계화가 이루어진 것이 아니었기 때문에 당 기관지에는 등장하지 않았던 것으로 보인다. 김일성 주석이 건재한데 '김정일주의'라는 말을 쓰는 것을 주저했던 것으로 보였다.[7]

---

6 "온 사회를 김일성주의화하기 위한 당사상사업의 당면한 몇가지 과업에 대하여"(1974.2. 19),『김정일선집』22.

7 "친애하는 지도자 김정일동지께 삼가 드립니다", ≪로동신문≫, 1992.8.1; '김정일주의',『북

1994년 7월 김일성 주석이 사망하고 북한이 '고난의 행군'이라고 부르는 곤경에 직면했다. 그런 가운데 '붉은기를 높이 들고 새해의 진군을 힘차게 다그쳐 나가자'라는 제목의 1996년 신년공동사설에서 고난의 행군을 극복하는 '붉은기 사상'을 전면에 내세웠다. 같은 해 1월 9일 자 ≪로동신문≫에 게재된 논설 '붉은기는 조선혁명의 백선백승의 깃발이다'는 "경애하는 김정일 장군은 붉은기 사상으로 백전백승해온 조선혁명의 역사를 과학적으로 분석총괄하고, 혁명의 먼 미래를 예측하여 붉은기가 담긴 혁명 철학을 밝혔다. 이렇게 역사상 처음으로 '붉은기 철학'이라는 뜻깊은 말이 탄생했다"고 했다.[8]

그러나 결국 김정일은 '붉은기 사상'을 버리고 '선군사상'으로 갈아타게 된다. 선군정치도 처음에는 1995년 첫날 다박솔 초소를 찾았을 때부터 시작되었다고 했지만, 나중에는 1960년 김일성 주석과 함께 한국전쟁에서 서울에 제일 먼저 입성한 '근위, 류경수 105 전차부대'를 방문했을 때부터라고 바뀐다. 선군사상도 김일성 주석에게 그 뿌리를 찾았다.

이러한 것을 배경으로 앞에서 언급했듯이 김정일 총비서는 생전에는 김정일주의를 김일성주의와 나란히 하는 것에 저항했다.

그러나 김정일 총비서가 사망하자 새로운 사상이 필요했던 김정은은 자신의 지도이념을 '김일성-김정일주의'라고 정식화했다. 그러나 그것은 김정은의 사상이 아니다. '김일성-김정일주의'라는 '그릇'을 정식화했지만, 그 그릇의 내용은 없었다고 해도 좋다. 굳이 말하자면, 그것은 아버지나 할아버지가 걸어왔던 '자주, 선군, 사회주의'의 길이었다. 자신의 노선이라고는

한대사전』, 북한연구소, 1999, 286쪽.
8 "붉은기는 조선혁명의 백전백승의 기치다", ≪로동신문≫, 1996.1.9.

말할 수 없었다.

　김정은은 정권을 시작하면서 '김일성-김정일주의'의 핵이 되는 사상을
모색하는 작업을 시작해야 했다.

"우리 인민이 다시는 허리띠를 조이지 않게"

　그리고 또 하나의 처녀작이 김일성 주석 탄생 100주년 경축열병식을 개
최했을 때 김정은이 했던 '선군의 기치를 더 높이 추켜들고 최후승리를 향
하여 힘차게 싸워나가자'라는 제목의 연설이었다.[9]

　이것은 김정은이 처음으로 인민 앞에서 한 연설이었다.

　김정은은 김일성 주석이 백두산에서 조선인민혁명군을 창설해 "장구한
혁명활동의 전기간 혁명무력강화에 선차적인 힘을 넣으신 김일성동지께서
는 한세대에 가장 포악한 두 제국주의를 타승하는 20세기 군사적기적을 창
조하시였으며 인민군대를 일당백의 혁명강군으로 키우시고 전민무장화,
전국요새화를 실현하시여 나라의 자주권과 민족만대의 번영을 위한 강력
한 군사적담보를 마련해주시였습니다"라면서 김일성 주석의 군사적 업적
을 칭찬했다. 그리고 "김정일동지께서는 우리 혁명의 가장 준엄한 시련의
시기 필승불패의 선군정치로 인민군대를 최정예전투대오로 강화발전시키
시고 전대미문의 사회주의수호전을 련전련승에로 이끄시였으며 우리나라
를 세계적인 군사강국의 지위에 올려세우는 거대한 력사적업적을 이룩하
시였습니다"라면서 1990년대의 '고난의 행군' 시기를 '필승불패의 선군정

---

9 "선군의 기치를 더 높이 추켜들고 최후승리를 향하여 힘차게 싸워나가자: 김일성주석 탄생
　100주년 경축열병식 축하연설"(2012.4.15.), ≪로동신문≫, 2012.4.16.

치'로 극복하고 북한을 '세계적인 군사 강국'의 지위로 끌어올렸다고 칭송했다.

그리고 "두자루의 권총으로부터 시작하여 제국주의침략자들을 전률케하는 무적강군으로 자라난 우리 군대의 력사는 세계의 군건설사에 전례없는것"이라고 말해 김일성 주석이 아버지 김형직의 유품으로 어머니 강반석에게 받은 두 자루의 권총으로 시작된 북한의 군이 "제국주의 침략자를 전율시키는 무적의 강군"이 되었다고 말했다.

그 위에 "군사기술적우세는 더는 제국주의자들의 독점물이 아니며 적들이 원자탄으로 우리를 위협공갈하던 시대는 영원히 지나갔습니다. 오늘의 장엄한 무력시위가 이것을 명백히 확증해줄것"이라고 말해 핵무기가 제국주의의 독점물이 아니라고 말했다.

열병식 연설이었던 만큼 연설의 전반부는 북한이 핵을 보유한 군사적 강국이 된 것을 강조하는 내용이었다. 김정은은 "렬강들의 각축전마당으로 무참히 짓밟히던 어제날의 약소국이 오늘은 당당한 정치군사강국으로 전변되였으며 우리 인민은 그 누구도 감히 건드릴수 없는 자주적인민으로 존엄떨치고있습니다"라고 말했다.

그러나 김정은은 북한의 군은 "수령의 군대, 당의 군대, 인민의 군대로 긍지높고 무적필승의 위용을 떨치는 백두산혁명강군이야말로 위대한 대원수님들께서 남기신 최대의 애국유산"이라고 말하고, 군은 '수령의 군대, 당의 군대, 인민의 군대'라고 못을 박았다. 선군을 강조하면서도 '수령의 군대, 당의 군대, 인민의 군대'라는 사회주의국가에서 군의 위상을 확인하는 것을 잊지 않았다.

그리고 4월 11일 열린 제4차 당 대표자회와 4월 13일 최고인민회의 제12기 제5차 회의에서 김정일 총비서를 '영원한 수령', '영원한 총비서', '영원한 국방위원회 위원장'에 모셨다고 강조했다.

김정은은 "이것은 위대한 김일성-김정일주의기치를 높이 들고 백두에서 개척된 주체혁명위업을 한치의 드팀도, 한걸음의 양보도 없이 오직 수령님식, 장군님식으로 끝까지 계승완성해나가려는 우리 당과 군대와 인민의 확고부동한 의지의 표시"라고 말해 '김일성-김정일주의의 깃발'을 내건다고 했다.

그리고 "위대한 김일성동지와 김정일동지께서 펼쳐주신 자주의 길, 선군의 길, 사회주의길을 따라 곧바로 나아가는 여기에 우리 혁명의 백년대계의 전략이 있고 종국적승리가 있습니다"라고 말해 '자주의 길, 선군의 길, 사회주의의 길'이 '우리 혁명의 백년대계의 전략'이라고 이념 정리를 했다.

이렇게 해서 김정은은 김일성 주석 탄생 100주년 열병식 연설이라는 공식 자리에서 '김일성-김정일주의', '자주의 길, 선군의 길, 사회주의의 길'을 통치이념으로 천명했다.

한편, 김정은은 북한이 '정치·군사강국'이 되었다고 강조했지만, 연설은 "경제강국을 전면적으로 건설하는 길에 들어서야 할것"이라고 말해 앞으로의 과제로 설정했다.

김일성 주석 탄생 100주년을 경축하는 군사퍼레이드 연설이었지만, 북한 인민의 경제적인 곤궁은 전혀 해결되지 않았다.

그런 상황 속에서 김정은은 "세상에서 제일 좋은 우리 인민, 만난시련을 이겨내며 당을 충직하게 받들어온 우리 인민이 다시는 허리띠를 조이지 않게 하며 사회주의부귀영화를 마음껏 누리게 하자는것이 우리 당의 확고한 결심"이라고 말해 북한 인민이 대량 아사했던 1990년대 후반의 '고난의 행군' 시기처럼 인민이 배고프지 않도록 해서 "사회주의부귀영화를 마음껏 누리게" 하겠다고 포부를 말했다.

연설은 "마지막 승리를 향해 앞으로!"라는 구호로 끝났지만, '마지막 승리'를 얻기 위해서는 경제 강국이 되어, 인민 생활을 향상하는 것이 불가피

한 과제였다.

이 연설은 김정은이 처음으로 장시간에 걸쳐 육성으로 한 연설이라서 내외의 주목을 받았다. 북한이 걸어온 군사적 성과를 강조하면서 앞으로의 지도이념으로 '김일성-김정일주의'를 내세워 '자주, 선군, 사회주의의 길'을 걷겠다고 선언했다. 그리고 인민에게 두 번 다시 배를 곯게 하는 일이 없을 것이라고 약속했다. 어떤 의미에서는 인민에게 배를 곯지 않는 사회주의의 부귀영화를 마음껏 즐긴다는 '인민생활의 향상'이야말로 할아버지도 아버지도 하지 못했던 북한의 과제인 만큼 그것을 인민 앞에서 약속한 의미는 컸다. 그러나 그것은 이 시점에서는 이념적인 정리에서는 빠져 있었다고 할 수밖에 없었다.

'김정일애국주의'

김정은은 2011년 12월 최고사령관에 취임하고, 2012년 4월 당 제1비서, 국방위원회 제1위원장의 자리에 올라 북한 최고지도자로서의 '대관식'을 거행했다.

당분간은 '김일성-김정일주의'를 내세워 '자주, 선군, 사회주의의 길'을 걷겠다는 노선정리를 했지만, 그것은 아직 김정은 고유의 사상적인 핵심은 아니었다. 할아버지와 아버지의 노선을 정리했을 뿐이었다. 필요한 것은 '김일성-김정일주의'란 무엇인가 하는 물음에 답할 수 있는 핵심적인 사상의 창출이었다.

당 기관지 ≪로동신문≫은 2012년 3월 3일 자로 김정은이 조선인민군 전략로켓사령부를 시찰했다는 것을 보도했다.

김정은은 이 시찰에서 "조국산천의 나무 한그루, 풀 한포기도 끝없이 사

랑하신 어버이장군님의 숭고한 모범을 적극 따라배워 김정일식 애국주의
를 높이 발휘하는데서 인민군대가 응당 앞장서야 한다고 강조하시였다"면
서 '김정일식 애국주의'라는 말을 썼다.[10]

이 시찰에는 리영호 총참모장, 박재경 군정치국 선전담당 부국장(대장),
리재일 당 선전선동부 제1부부장, 황병서 당 조직지도부 부부장이 동행했
다. 이재일 당 선전선동부 제1부부장과 박재경 군정치국 선전담당 부국장
이라는 당과 군에서 선전선동부문을 담당하고 있던 간부가 동행했던 것은
주목해야 하지만, 2개월 후인 2012년 5월부터 북한 언론은 '김정일애국주
의'를 집중적으로 다루기 시작했다.

김정은의 현지지도 발언을 받는 형태로 《로동신문》 2012년 5월 12일
자 '일군들은 인민에 대한 헌신적인 복무정신을 깊이 소중히 간직하자'는
제목의 사설은 "오늘 우리 당은 전체 일군들과 당원들과 근로자들이 김정
일애국주의의 기치를 높이 들고 나갈것을 바라고 있다. 김정일애국주의는
가장 숭고한 후대관, 인민관으로 일관되여있다. 조국의 미래를 위하여, 인
민의 행복을 위하여 어버이장군님께서 마련해주신 인민생활향상기지들이
빛을 내는가 그렇지 못한가 하는것은 전적으로 일군들의 책임성과 역할에
달려있다. 고결한 후대관, 인민관으로 무장하지 못한 일군들이 있는 곳에
서는 인민의 웃음소리가 잦아들게 된다"며 '김정일애국주의'를 강조했다.[11]

2일 뒤인 5월 14일에는 조선중앙방송이 사설 '모두 다 김정일애국주의로
심장을 불태우자'에서 "불세출의 위인의 심장 속에서 맥박이 치는 애국의
숨결 속에서 정치사상 강국이 우연히 강력한 핵억지력과 인공지구위성 제

---

10 "조선인민군 최고사령관 김정은동지께서 조선인민군 전략로케트사령부를 시찰하시였다",
《로동신문》, 2012.3.2.

11 "〈사설〉 일군들은 인민에 대한 헌신적복무정신을 깊이 간직하자", 《로동신문》, 2012.5. 12

작·발사국, 사회주의 문명국의 지위에 우리나라가 당당히 오르게 되었다"면서 "김정일애국주의는 수령에 대한 절대 불변의 충성심을 핵으로 하여 평생을 애국에 바친 장군님의 업적과 위대성을 특징으로 하는 사상"으로 김정은 제1비서가 '김정일애국주의 최고 체현자'라고 했다.[12]

≪로동신문≫은 2012년 5월 19일 자 논설 '김정일애국주의는 강성국가건설의 위력 있는 추진력'에서 "우리의 강성국가건설위업은 력사적진군길에 들어섰다"면서 "우리 혁명앞에 의연히 시련과 난관이 막아서고 방대한 투쟁과업이 나서고있지만 위대한 애국의 기치, 김정일애국주의는 우리 군대와 인민을 새로운 승리에로 고무추동하고 있으며 더욱 륭성번영할 선군조선의 창창한 미래를 내다보고있다"고 강조하고 김정일애국주의가 강성국가 건설, 즉 경제적 번영과 군사적 강화의 추진력이라고 했다.[13]

같은 해 5월 21일 자 사설 '김정일애국주의교양을 강화하자'는 "전 인민을 김정일애국주의로 제대로 무장시켜 새로운 주체100년대의 혁명적진군을 위대한 장군님의 전사, 제자들의 충정의 진군, 애국의 총진군으로 수놓으며 온 사회의 김일성-김정일주의화 위업을 빛나게 실현해 나가려는 것이 우리 당의 숭고한 의도"라고 말했다.[14] ≪로동신문≫ 2012년 6월 21일 자는 최칠남 조선기자동맹위원장의 논설 '위대한 김정일애국주의는 백전백승의 기치이다'를 게재하고 '김정일애국주의'를 강조한다. 동시에 "우리 조국을 압살하려고 하는 악욕에 미친 미제와 그 손끝들의 총성 없는 전쟁이 벌어지고 있는 것이야말로 모든 군민들이 애국의 일심에 따라 점점 철통처럼 단결한다 해야 한다. 조국의 부강발전도 우리 인민 자신의 단결한 애국의

---

12 "모두 다 김정일애국주의로 심장을 불태우자", 조선중앙방송, 2012.5.14.

13 "〈론설〉 김정일애국주의는 강성국가건설의 위력한 추동력", ≪로동신문≫, 2012.5.19.

14 "〈사설〉 김정일애국주의교양을 강화하자", ≪로동신문≫, 2012.5.21.

힘으로 달성해야 한다"고 호소했다.[15]

이 '김정일애국주의'는 김정은이 현지지도에서 말했던 내용이 계기가 되어 구호가 되어 논리화하고 캠페인이 시작되었다는 점에서 주목된다. 이제 막 시작한 김정은 정권에게 김정은 자신의 '사상의 핵'을 만드는 것이 요구되었기 때문이다.

하지만 이 '김정일애국주의'라는 말은 김정은이 처음으로 말한 말이 아니다. 실은 ≪로동신문≫ 기자 동태관이 2009년 4월 13일 자 ≪로동신문≫ 정론 '절세 애국자'에서 이미 '김정일애국주의'를 언급했다. '정론'은 냉전 붕괴 당시 상황을 "전세계적 범위에서 노동자계급의 단결 환호가 지구를 흔든 공산주의 영웅적 행진 시대부터 세월은 멀리 흘렀다"며 "각국이 독자적인 판단과 자주적인 힘의 크기에 따라 자기의 지위와 운명이 결정되는 시대에서 역사의 모습이 바뀌었다"고 지적했다. 그 위에 "위대한 장군님은 바로 이 새로운 역사적 흐름을 비범한 영지로 통찰하고 강성대국 건설이라는 더 높은 수완으로 민족제일주의의 깃발을 시대의 불길로 높게 내세웠다. 그리고 역사는 위대한 김정일애국주의의 새로운 영웅에 의한 서사시를 펼치게 됐다"고 김정일을 칭송했다.

냉전체제가 붕괴하는 가운데 김정일 총비서는 '강성대국건설'과 '민족제일주의'에 북한의 생존을 걸었으며, 이를 극복한 것이 '김정일애국주의'의 성과였다고 칭송했다.[16]

이 '정론'은 김정일 총비서의 건강이 악화하고 2009년 1월 김정은이 후계자로 결정된 후의 과도기에 쓰인 것이다. 김정은이 동태관 기자의 '정론'을

---

15 "〈론설〉 위대한 김정일애국주의는 백전백승의 기치이다", ≪로동신문≫, 2012.6.21.

16 "〈정론〉 절세의 애국자", ≪로동신문≫, 2009.4.13.

읽고 나중에 '김정일식 애국주의'를 말했는지는 불분명하지만, 그로부터 약 3년 후인 2012년 3월 현지지도에서의 '한마디'가 약 2개월 후부터 김정은 시대의 통치사상의 하나인 '김정일애국주의' 캠페인이 되었다.

그리고 ≪로동신문≫은 2012년 8월 3일 김정은이 7월 26일 당중앙위원회 책임 간부에 한 담화 '김정일애국주의를 구현하여 부강조국건설을 다그치자'를 1, 2면에 걸쳐 게재해 '김정일애국주의'를 정식화했다.[17]

김정은은 '김정일애국주의'는 일반적인 애국주의가 아니라 "우리 조국을 지키고 부강하게 만드는 길로 김정일 동지가 마음속에 소중히 안고 실천하고 구현해 온 애국주의, 김정일애국주의에 대한 말"이라고 주장했다. 그리고 "김정일애국주의는 사회주의적 애국주의의 최고 승화"라고 규정했다.

김정은은 담화에서 김정일애국주의의 특징을 ① 조국관, ② 인민관, ③ 후대관의 세 가지로 특징지었다. '조국관'은 "양광처럼 밝은 조국의 품은 아버지인 김일성장군의 품"이라며 "우리 인민에게 조국은 다름없는 수령이며 조국의 품은 수령의 품"이라고 했다. "조국은 단순히 태어나고 자란 고향의 산천이 아니라 인민의 진정한 삶이 있고, 자손만대의 영원한 행복은 오로지 조국과 인민을 진심으로 사랑하며 조국과 인민을 위해 자신의 모든 것을 바치고 헌신하는 수령에 의해서 가져오고 꽃 피는 것"이며 "그 때문에 조국을 위해 헌신하는 것은 어쨌든 수령에 충성을 다하는 것이며, 수령에 대한 충성심은 즉 애국심의 발로, 애국주의의 최고 표현"이라고 했다. 여기에서는 김정일 총비서의 조국관을 말하면서 결국은 인민이 수령에 충성을 다해야 한다는 역전된 논리로 인도된다.

두 번째는 '인민관'이다. 담화는 "이민위천은 김정일 동지의 평생 좌우명

---

17 "담화 〈김정일애국주의를 구현하여 부강조국건설을 다그치자〉", ≪로동신문≫, 2012.8.3.

이었다"면서 "이 세상에 전지전능의 존재가 있다면 그것은 하나님이 아니라 인민"이라고 했다. "인민이 바라는 것이라면 돌 위에도 꽃을 피어야 한다"는 것이 김정일 동지의 인민애의 숭고한 뜻이자 의사라고 했다.

셋째는 '후대관'이다. "오늘을 위해 오늘을 살지 않고 내일을 위해 오늘을 살자"는 구호에 김정일 동지의 후대관이 집약되어 있다고 말했다. "무슨 일을 해도, 자신의 대에 그 이익을 얻지 못한다고 해도 먼 장래 후세대가 그 이익을 얻을 수 있도록" 하는 것이 김정일 동지의 의사라고 했다.

이를 바탕으로 "오늘 우리 당은 김정일적 애국주의를 불씨로 애국의 불길을 불태워 사회주의 강성국가 건설의 새로운 전기를 열려고 합니다. 이것이 우리 당의 확고한 의지이며 결의"라고 호소했다.

김정은은 비로소 아버지 김정일 총비서가 걸어온 길, 아버지 김정일 총비서의 '애국주의'를 핵으로 한 자기 시대의 사상 만들기에 착수했다고 할 수 있었다.

김정은은 '전사회의 김일성-김정일주의화'를 위해 김정일애국주의를 실천에 옮김으로써 당, 군, 인민의 최고지도자에 대한 충성 강화를 완수하고, 자신의 유일영도체계의 확립을 목표로 했다.

앞에서 언급했듯이 김정은은 4월 11일 제4회 당대표자회에서 당규약을 개정해 "조선노동당은 위대한 김일성-김정일주의를 유일지도사상으로 하는 김일성-김정일주의당, 주체형의 혁명적당이다"라고 규정하고 '김일성-김정일주의'를 당의 유일지도사상이라고 했다.

그러나 아직 이것은 김정은 시대를 견인하는 사상 만들기의 시작에 불과했다.

제3장

독자적인 지도이념의 모색

"자기 땅에 발을 붙이고 눈은 세계를 보라!", '세계적 추세'

　2012년은 김일성 주석의 탄생 100년의 해였다. 김일성 주석이 사망한 기일의 이틀 전인 2012년 7월 6일 김정은 당 제1비서는 새로 결성된 걸그룹 '모란봉악단'의 연주를 관람했으며, 김정은 당 제1비서의 옆에는 젊은 여자가 앉아 있었다. 하지만 북한 언론은 그녀가 누구인지 보도하지 않았다.

　모란봉악단의 연주에는 디즈니의 〈미키 마우스〉와 미국 영화 〈로키〉의 한 장면이 등장했으며, 미니스커트 차림의 여성이 서방의 곡을 연주했다. 3일 후인 7월 11일 조선중앙TV가 이 공연을 녹화 방영했다.

　조선중앙통신(7월 7일)에 따르면, 김정은이 이 공연과 관련해 "시대의 요청과 인민의 지향에 맞으면서도 우리의 사상 감정과 미감에 맞춰 전통음악과 대중음악의 균형을 받아 끊임없이 발전시켜야 한다"고 했다. "우리 인민의 취향에 맞는 민족 고유의 훌륭한 것을 창작함과 동시에 다른 나라의 좋은 것은 대담하게 받아들여 우리의 것으로 만들어야 한다"며 "주체적 입장에 확고하게 서서 우리의 음악 예술을 세계적 수준으로 발전시켜야 한다"고 말했다.

≪로동신문≫은 이에 앞서 2012년 5월 9일 김정은 당 제1비서가 4월 27일 조선노동당, 국가경제기관, 근로자단체의 책임일군들을 대상으로 한 담화 '사회주의강성국가건설의 요구에 맞게 국토관리사업에서 혁명적전환을 가져올데 대하여'를 공표했는데, 김정은 당 제1비서는 "다른 나라들, 국제기구들과의 과학기술교류사업도 활발히 벌려야 합니다. 국토관리와 환경보호부문에도 세계적인 발전추세와 다른 나라들의 선진적이고 발전된 기술들을 받아들일것이 많습니다. 내가 이미 말하였지만 인터네트를 통하여 세계적인 추세자료들, 다른 나라의 선진적이고 발전된 과학기술자료들을 많이 보게 하고 대표단을 다른 나라에 보내여 필요한것들을 많이 배우고 자료도 수집해오게 하여야 합니다"라면서 인터넷을 활용해 '세계적인 추세' 자료 등을 수집하도록 요구했다.

김일성 주석이 죽은 7월 8일 김 주석의 시신이 안치된 금수산 태양궁전을 김정은이 같은 여성과 함께 조문을 위해 방문했다.

북한 언론은 7월 15일 김정은과 이 여성이 평양 시내 경상유치원을 방문하고 서로를 응시하는 등 친밀함을 보여주는 영상을 방영했다.

그리고 당 기관지 ≪로동신문≫은 7월 26일 김정은 당 제1비서가 평양 시내에 완성된 능라인민유원지 준공식에 참석한 것을 보도하면서 김정은 제1비서 옆에 있는 한 여성을 '리설주 부인'이라고 보도했다. 북한 TV는 김정은이 리설주 부인과 팔짱을 끼고 평양 주재 외국 외교관과 같이 '절규 머신'을 탑승하는 광경을 방영했다. 이날 ≪로동신문≫도 6면 중 1면에서 5면까지를 전날 김정은 부부 등이 찾았던 능라인민유원지 사진으로 가득 채웠다. 북한에서 퍼스트레이디의 공식 행사 등장은 이례적인 일이었다. 김일성 주석과 김정일 총비서 시대에는 볼 수 없는 광경이었다. 더구나 최고지도자 부부가 팔짱을 끼고 시찰하는 광경은 과거에는 없었다.

모란봉악단이 미국을 대표하는 영화 〈로키〉의 테마곡을 연주하고 영화의 한 장면이 뒤로 흐르는 일도 전례가 없었다. 디즈니 캐릭터가 등장하고 그것이 TV에 방영되는 것도 이례적이었다. 조선중앙통신은 "내용에서 혁명적이며 전투적이며 형식에서 새롭고 독특하며 현대적이면서도 인민적인 것으로 일관"이라고 평가했다.

스위스에 유학했던 27세의 최고지도자의 등장으로 북한에서도 '위로부터의 문화소혁명'이 일어날까 하는 기대가 한순간이기는 하나 있었다.

조총련 기관지 ≪조선신보≫는 7월 11일 이러한 북한의 움직임과 관련해 새로 시작한 김정은 정권이 내세운 두 개의 구호를 소개했다.[1]

그것은 "자기 땅에 발을 붙이고 눈은 세계를 보라!"와 '세계적 추세'라는 구호였다. 이 두 구호는 김정은 정권이 시작하면서 빈번하게 강조된 것이었다.

"자기 땅에 발을 붙이고 눈은 세계를 보라!"는 원래 김정일 총비서가 내건 구호였다. ≪로동신문≫은 2010년 4월 13일 1면에서 6면까지를 할애해 김정일 총비서가 김일성종합대학에 새롭게 완성된 전자도서관을 현지지도한 것을 보도했다. 2면에는 도서관 1층 홀 정면에 있는 김정일 총비서 명판 사진이 게재되어 있었다. 거기에는 김정일 총비서 친필로 "자기 땅에 발을 붙이고 눈은 세계를 보라!"라고 쓰여 있었다. 그 구호에 이어 "숭고한 정신과 풍부한 지식을 겸비한 선군혁명의 믿음직한 골간이 되라! 분발하고 또 분발하여 위대한 당, 김일성조선을 세계가 우러러보게 하라!"라고 썼다.

앞에서 언급한 ≪조선신보≫는 "(김정은)제1위원장의 령도는 (김정일)장

---

1 "제1위원장의 발전전략은 장군님의 〈친필명제〉 관철", ≪조선신보≫, 2012.7.11.

군님께서 생애의 마지막시기에 제시하신 명제를 실천에 옮겨 세계가 조선을 우러러보도록 하는데 방점이 있다"고 했다. "자기 땅에 발을 붙이고 눈은 세계를 보라!"는 구호는 앞에 방점을 둘 것인지, 뒤에 둘 것인지에 따라 그 의미에 차이가 생긴다. 하지만 인터넷 활용, 퍼스트레이디의 등장, 모란봉악단의 출현 등은 김정은이 선대 김정일 총비서의 말을 활용하면서 북한이 세계에서 차단된 폐쇄 공간이 되어서는 안 된다는 것을 보여주었다.

김정은 당 제1비서는 아버지 김정일 총비서의 2010년 구호를 잘 활용해 북한도 해외 정보를 도입하려는 자세를 보였다. 북한이 과학기술과 경제, 문화면에서 해외 정보도 받아들여 "최첨단을 돌파할" 것을 요구하고 그것을 경제발전으로 이어가려고 하는 적극적인 의사를 엿볼 수 있었다.

하지만 그 후 한때 절대적인 인기를 자랑하던 모란봉악단은 2018년 삼지연관현악단에 흡수되어 사실상 활동을 중지했다. 하노이에서의 북미 정상회담 결렬 후 국내 통제 강화, 비사회주의, 반사회주의적인 것의 단속 강화로 김정은이 2012년에 보여주었던 '변화'는 수면 아래로 숨어버렸다.

리영호 군 총참모장 숙청

조선노동당 중앙위원회 정치국 회의는 2012년 7월 15일 "지병 때문에" 리영호 군 총참모장을 "모든 직책에서 해임한다"고 결정했다. 리영호는 김정일 총비서가 제3차 당대표회에서 김정은과 함께 당 중앙군사위원회 부위원장에 기용한 인물로 김정은의 후견인 가운데 한 사람으로 간주되었던 인물이었다. 리영호는 군 총참모장(차수), 당 정치국 상무위원, 당 중앙군사위 부위원장 등의 직책을 가진 군부의 톱이었지만 갑자기 모든 직책에서 해임되었다. 해임 이유가 '지병 때문'이라고 했지만, 사실상의 숙청이었다.

이 숙청은 김정은의 아버지, 김정일 총비서가 선택한 후견인을 김정은이 잘랐다는 의미도 내포하고 있었다. 당시 군부의 최고 실력자를 숙청함으로써 당이 군을 억누르는 구조가 강해졌다.

당 중앙군사위원회와 국방위원회는 다음 날인 7월 16일 자로 조선인민군의 현영철 대장을 차수로 승격시켰다. 현영철이 후임 군 총참모장에 취임했다.

게다가 조선노동당 중앙위원회, 당 중앙군사위원회, 국방위원회, 최고인민회의 상임위원회는 7월 17일 김정은에게 '조선민주주의인민공화국 원수' 칭호를 수여할 것을 결정했다. 생각해 보면 기묘한 일이었다. 김정은은 2011년 12월에 최고사령관, 2012년 4월 제4차 당 대표자회에서는 당 제1비서, 당 중앙군사위원장, 최고인민회의 제12기 제5차 회의에서는 국방위원회의 제1위원장을 맡았지만, 군사 계급은 '대장'인 채였다. 최고사령관이 부하 군 간부들보다 낮은 군사 계급이라는 것은 이상한 일이었다. 늦어도 4월에 당 제1비서, 국방위 제1위원장에 취임했을 때 공화국 원수 자리에 올랐어야 했었다. 그러나 이를 7월까지 늦춘 것은 군의 실력자인 리영호 군 총참모장 숙청으로 인한 군부의 동요를 자신의 원수 취임에 대한 군부대의 축하와 충성으로 억누르려고 의도적으로 지연시킨 것은 아닐까 관측되었다.

리영호 총참모장의 숙청은 김정일 시대의 선군 정치하에서 권한을 강화한 군을 사회주의 본래 모습인 '당의 군'으로 만들기 위한 과감한 조치인 동시에 김정은의 유일적 영도체계 확립을 위한 출발점이기도 했다.

2012년 4월 제4차 당대표자회에서는 최룡해가 당 정치국 후보위원에서 정치국 위원을 거치지 않고 당 정치국 상무위원으로 발탁되어 군 총정치국장, 당 중앙군사위 부위원장, 국방위원회 위원이 되었다. 반면 리영호는 직책에 큰 변화는 없었으나 국방위원회에도 들어가지 못했다. 말하자면 제4회 당대표자회는 리영호 포위망과 같은 인상을 주었다.

리영호 총참모장의 해임 이유는 명확하지 않았으나 김정은 제1비서는 10월 29일에 열린 김일성 군사종합대학에서 열린 김일성·김정일 동상 제막식 연설에서 "당과 수령에게 충실하지 못한 사람은 아무리 군사가 다운 기질이 있고 작전전술에 능하다고 해도 우리에겐 필요 없다"고 말했다. 그리고 "역사적 경험은 당과 수령에게 충실하지 못한 군인은 혁명군대 군인으로서의 자기 사명을 다할 수 없으며 나중에는 혁명의 배신자로 굴러 떨어지게 된다는 것을 보여주고 있다"며 "당과 수령에 대한 충실성은 총 쥔 혁명가의 근본징표"라고 강조했다. 김정은 제1비서는 또한 "(김일성군사종합)대학에서는 모든 학생들을 비가 오나 눈이 오나 최고사령관과 뜻과 정을 영원히 같이 하며 우리 당만을 믿고 끝까지 따르는 신념의 인간, 양심의 인간, 의리의 인간들로 준비시켜야 한다"며 "인민군 지휘성원들은 누구보다도 신념이 투철하고 양심이 순결해야 한다"고 지적했다. 이것은 리영호 총참모장 해임을 염두에 둔 발언이 아닐까 생각되었다.[2]

한국 국가정보원은 2012년 7월 26일 국회 설명에서 리영호 총참모장 해임에 대해 "비협력적인 태도를 보여 해임된 것으로 보인다"고 분석했다.[3] 리영호 총참모장의 언동 가운데 '당과 수령에 대한 충성'에 문제가 있었을 가능성이 있다. 그것은 군부의 경제권익이나 당의 복권에 의한 군의 지위 저하와도 관련이 있는 것으로 보였다.

이처럼 보면 리영호 총참모장 숙청은 적어도 2012년 4월 제4차 당 대표자회 때부터 주도면밀하게 준비되었을 가능성이 크다.

---

2 "경애하는 김정은 원수님을 모시고 김일성군사종합대학 창립 60돌 성대히 기념", 조선중앙 TV, 2012.10.30.; "김정은 '당과 수령에 충실치 못한 군인 필요없어'", 연합뉴스, 2012.11.2.

3 "리영호, 김정은 軍통제강화 비협조에 문책 해임"(종합), 연합뉴스, 2012.7.26.

'70년대 시대정신'

2012년 9월 28일 자 ≪로동신문≫은 사설 '전당, 전국, 전민이 총동원되여 올해전투를 빛나게 결속하자'를 1면 톱에 게재했다.[4] 사설은 "우리는 오늘의 고양된 기세를 풀지 않고 1970년대처럼 혁명의 북소리를 높게 울려 올해 전투를 빛나게 정리하기 위한 총돌격전을 힘차게 전개해야 한다"면서 '70년대'를 언급했다. 이 사설은 1970년대에 대해 "1970년대는 주체혁명위업의 계승완성을 위한 투쟁에서 특출한 의의를 가지는 위대한 전환의 년대, 온 나라에 창조와 혁신의 불바람이 세차게 휘몰아친 격동적인 년대로 우리 당력사에 뚜렷이 아로새겨져있다. 위대한 장군님을 당과 혁명의 진두에 높이 모신 우리 군대와 인민의 투쟁기세는 참으로 대단하였다. 속도전의 진공나팔소리, 혁명의 북소리가 온 나라를 진감하는 속에 사회주의건설의 모든 전선에서 전례없는 혁신이 일어나고 로동당시대의 전성기가 펼쳐지게 되었다. 전체 인민이 당의 령도따라 70일전투를 본때있게 벌려 사회주의대건설의 첫해를 빛나게 장식한 1970년대의 그때처럼 새로운 시대정신을 창조하며 올해를 자랑찬 성과로 결속하고 강성국가건설의 최후승리를 앞당겨나가려는것이 우리 당의 의도"라고 설명했다.

≪로동신문≫과 보조를 맞추듯 ≪민주조선≫도 같은 2012년 9월 28일 자 논설 '1970년대 시대정신'으로 "오늘 우리 일군들은 1970년대 당의 기초축성시기 일군들처럼 살며 투쟁하여야 합니다"라는 김정일 총비서의 말을 인용했다.[5] "1970년대 시대정신은 절세의 위인이신 위대한 김정일동지를

---

4 "〈사설〉 전당, 전국, 전민이 총동원되여 올해전투를 빛나게 결속하자", ≪로동신문≫, 2012.9.28.

5 "1970년대 시대정신", ≪민주조선≫, 2012.9.28.

령도자로 모신것을 더없는 영광으로 간주하고 장군님을 진심으로 높이 받들어모신 순결하고 열렬한 충실성이다"라고 규정했다.

≪로동신문≫ 2012년 10월 1일 자 논설 '당의 기초축성시기 일군들의 사상정신적특질'은 "1970년대 당의 기초축성시기 일군들은 자기 령도자를 진심으로 받들고 어떤 어려운 조건에서도 당의 결정지시를 무조건 끝까지 관철한 참된 일군들이였다", "1970대에 우리 당의 강화발전과 사회주의건설에서 위대한 창조와 변혁의 전성기가 펼쳐질수 있은것은 순결한 량심과 의리로 당과 수령을 굳건히 받들어온 일군들의 사상정신적풍모를 떠나서 생각할수 없다. 당의 기초축성시기 일군들의 투쟁기풍과 일본새는 오늘 우리 일군들 모두가 따라배워야 할 본보기로 된다"면서 1970년대 당 간부들의 당과 수령에 대한 충성을 강조했다.[6]

≪로동신문≫ 2012년 10월 6일 자 사설 '당의 기초축성시기 일군들의 투쟁정신과 일본새를 따라배우자'는 70년대 활동가들처럼 일하며 "모든 일군들은 당의 기초축성시기 일군들의 일본새와 투쟁기풍을 철저히 구현함으로써 강성국가건설의 모든 전선에서 새로운 기적과 위훈을 창조해나가야 한다"고 호소했다.[7]

북한은 김정은 시대가 실질적으로 움직이기 시작한 2012년 경제건설에서 성과를 올리기 위해 '70년대 시대정신'을 따라 배우라는 캠페인을 전개했다.

---

6 "〈론설〉 당의 기초축성시기 일군들의 사상정신적특질", ≪로동신문≫, 2012.10.1.

7 "〈사설〉 당의 기초축성시기 일군들의 투쟁정신과 일본새를 따라배우자", ≪로동신문≫, 2012.10.6.

'70년대'의 '충성심'과 '경제성장' 그리고 '향수'

여기에서 말하는 '1970년대'란 단순히 일반적인 '70년대'가 아니다. 김정 일이 1974년 2월 당 중앙위 제5기 제8차 전원회의에서 '후계자'로 결정된 이후를 가리킨다. 이 시기 당 활동가들이 '후계자'에 대한 충성을 무기로 해서 사회 건설이 진행된 시기이기 때문이다.

김정은 당 제1비서 체제가 시작됨에 따라 1970년대 당 간부가 김정일에 대한 충성을 굳게 하고 김정일 시대를 만들어갔던 것처럼 김정은에 대한 충성을 호소하고 당시 간부를 본보기로 김정은 시대를 만들어나가도록 호소하는 캠페인이었다.

김정일 총비서는 1974년 2월 11일부터 13일까지 개최된 당 중앙위 제5기 제8차 전원회의에서 '후계자' 자리를 획득했으며, 그 직후인 2월 19일 전국 당사상사업부문 활동가 강습회에서 '온 사회를 김일성주의화하기 위한 당사상사업의 당면한 몇가지 과업에 대하여'라는 제목의 연설을 하고 '온 사회의 김일성주의화'를 선언하고 사상투쟁을 전개했다.

정치투쟁으로는 1974년 3월 "생산도 학습도 생활도 유격대식으로!"라는 슬로건을 제창했으며, 4월 14일에는 '전당과 온 사회에 유일사상체계를 더욱 튼튼히 세우자'는 연설을 했으며, 이를 위한 '당의 유일사상체계 확립을 위한 10대 원칙'이 제시되었다. 10대 원칙 아래 64항목의 세칙이 있었으며, 이는 지금도 북한 주민의 일상생활을 규율하는 규범이 되었다.

경제투쟁 부문에서는 '70일 전투'와 '3대혁명붉은기쟁취운동' 등을 전개했다. '3대혁명붉은기쟁취운동'은 1960년대 천리마 운동에 이은 노동력 경쟁운동이며, '70일 전투'는 김정일 총비서가 주도해 1974년 10월 하순부터 12월 말까지 전개된 동원운동이다. 북한은 1970년대의 '70일 전투' 같은 열기와 정신으로 김정은이 권력을 계승한 올해(2012년) 경제건설에서 성과를 낼 것을 호소한 셈이다.

1970년대라는 시대는 사회주의국가 가운데서도 북한은 우등생이었으며 중국보다 풍요로웠던 시대다. 문화대혁명도 있었고 경제적으로 곤궁한 중국 주민들이 북한으로 도망치는 '탈중' 현상조차 있었으며, 한국에 대해서도 경제적인 우위를 유지하고 있던 시기다. 북한 간부 활동가들에게 1970년대는 "좋은 삶을 살고 있었다"는 기억이 있는 시대다. 경제성장률에서는 천리마운동이 전개된 1950년대 후반이나 1960년대에는 미치지 못했지만, 사회적인 안정이 확보된 시대였다. 그러한 '안정된 시대'를 만들어내려고 하는 캠페인이라고도 할 수 있다.

이 캠페인은 2012년의 경제건설을 '1970년대 정신'으로 승리하자는 노선으로 이루어졌다. '70년대 시대정신' 캠페인에서는 후계자가 된 직후 김정일 총비서가 추진한 '70일 전투'의 성과가 강조됐다. 북한에서는 사상교육을 바탕으로 한 '70일 전투'는 경제건설에서도 큰 성과를 거뒀다면서 이를 후계자로 막 정해진 김정일 총비서의 큰 성과라고 했다.

≪로동신문≫ 2012년 10월 2일 자에 게재된 정론 '조선의 기상'에서 필자는 1970년대 경제건설을 "여기에 1970년대의 조선의 기상을 대표하는 숫자가 있다. 년평균 공업생산장성속도 15.9%! 온 세계가 경제위기에 허덕이고 고도성장과 번영을 제창하던 자본주의가 년평균 3~4%에 머물고있을 때 조선에서는 이런 기적의 포성이 울렸다. 공업생산은 1977년에만 하여도 1946년에 비하여 196배나 뛰여올랐다. 농업생산은 또 어떻게 발전하였는가. 한해에 1~2%만 장성해도 기적이라고 하는 알곡생산을 단숨에 30%로 높이면서 승리의 고지에로 거침없이 육박하였다"고 말했다.

즉, '70년대 시대정신'이란 최고지도자에 대한 충성의 시기에 경제건설을 이룬 시기였다. 그 시기를 경험한 간부들에게는 조선이 가장 빛났던 '향수'의 시기이기도 했다.

그렇지만 이는 동원체제에 의한 경제건설이며 기업과 농업협동조합의 독립채산제를 확보하고 노동자와 농민의 노동에 일정한 인센티브를 주어 생산성을 높이려는 경제개혁의 흐름과는 반대의 것이다.

어떤 의미에서 이러한 동원체제로의 회귀는 김정은이 안고 있는 모순으로 작용하게 된다.

2012년 김정은 후계체제는 포전담당책임제나 사회주의기업책임관리제로 피폐한 경제를 재건하기 위해 시장경제주의적인 요소를 도입하여 기업과 개인의 인센티브를 자극하여 생산성을 높임으로써 경제를 재건하려고 했다. 그러나 그것은 북한이라는 통제화된 사회를 변질시켜 버릴지도 모른다. 그러므로 사회주의라는 원칙을 고수하기 위해서는 사상 부문에서는 보다 통제를 강화해야 한다. 경제개혁의 조류가 북한 사회의 본질을 변질시키지 않기 위해서도 사상 부문의 통제는 강화되어야 한다.

이데올로기 부문을 담당하는 간부들은 자신들의 좋은 시대였던 '1970년대'를 모범으로 하는 충성과 경제건설을 당원과 인민에게 호소했던 것이 '1970년대 시대정신'이었다.

김정일 총비서 사망 직후에는 '유훈관철'과 '일심단결'이 강조되었다. 뒤를 이어 '자주, 선군, 사회주의'가 강조되었다. 그 후에는 '김일성-김정일주의화' 캠페인이다. 이는 김정일 시대 말기에 이미 시작된 것으로 보이지만 김정일 총비서가 사망하고 김정일 총비서를 김일성 주석과 같은 수준으로 끌어올려 신격화하려는 작업이기도 하다. 그다음이 '김정일애국주의'이다. 김정일 총비서가 나라를 사랑한 것을 본받아 우리도 살아가야 한다는 캠페인이었다.

'70년대의 시대정신' 캠페인은 이것에 이어 이뤄진 것이다. 당시 김정은 후계정권은 '새로운 경제관리 개선조치'로 경제재건을 이루려고 했으나, 이것이 사회적인 혼란을 일으키지 않기 위해서도 사상 부문의 통제를 강화하

지 않을 수 없었으며 '70년대 시대정신'을 본받는 캠페인을 전개해 김정은
에 대한 충성을 요구했다.

김정은의 국가안전보위부 방문

2012년 10월 3일 자 《로동신문》은 조선인민군 제10215부대에 김정일
총비서의 첫 번째 동상이 건립되었다고 보도했다.[8] 이 부대는 국가안전보
위부의 다른 이름이다. 《로동신문》은 10월 7일 김정은이 건립된 김정일
총비서의 첫 번째 단독 동상을 시찰했다고 보도했다.[9]

김정은은 "적들이 당을 따르는 우리 인민의 순결한 마음과 지향을 가로
막고 당과 대중을 갈라놓으려고 책동하고 있다"고 말하고 "적에 대한 털끝
만 한 환상이나 양보는 곧 죽음이며 자멸의 길"이라고 강조했다. 그리고
"적들의 책동을 예리하게 주시하면서 원쑤들의 사상문화적침투와 심리모
략책동을 단호히 짓부셔버리기 위한 투쟁을 강도높이 벌리며 국가안전보
위사업의 현대화, 정보화를 높은 수준에서 계속 힘있게 밀고나가야 한다"
고 말했다. 또한 "우리 인민들이 적들의 마수에 걸려들지 않도록 지켜주고
보호해주며 어리석게도 딴꿈을 꾸는 불순적대분자들은 단호하고도 무자비
하게 짓뭉개버려야 한다"고 강조했다. 최고지도자가 공안기관인 국가안전
보위부를 방문했던 사실을 공개적으로 보도하는 것도 이례적이었다.

---

8 "주체의 선군태양을 천만년 받들어갈 열화같은 충정의 분출-위대한 령도자 김정일대원수님
  의 동상을 조선인민군 제10215부대에 높이 모시였다", 《로동신문》, 2012.10.3.
9 "조선인민군 최고사령관 김정은동지께서 국가안전보위부에 높이 모신 위대한 령도자 김정
  일대원수님의 동상을 돌아보시였다", 《로동신문》, 2012.10.7.

김정은은 경제개혁을 추진하면서도 한편 "불순 적대분자를 단호하고도 무자비하게 짓뭉개버려야 한다"고 강조했다. 김정일 총비서 동상 앞에서 이렇게 자극을 주었던 것은 경제개혁을 추진하기 위해 사회통제를 강화하는 병행전략을 보였다고 할 수 있다.

김정은 후계체제는 이를 위해 '김정일애국주의'에 이어 주민들이 향수를 느끼던 '70년대 시대정신'을 지렛대로 사회통제를 강화하고 동원방식의 경제건설을 주장했다.

김정은 당 제1비서는 2012년 7월 모란봉악단의 데뷔와 리설주 부인의 등장 등으로 경제와 문화면에서 새로운 방향성을 보여줄 것이라는 관측도 있었지만, 2012년 가을쯤부터 공안통치로 방향을 전환했다.

'생눈길을 헤치는 정신'

또한, 당 기관지 《로동신문》은 2012년 10월 16일 '생눈길을 헤치는 정신으로 창조하며 승리해나가자'라는 제목의 사설을 게재했다.

사설은 "생눈길을 헤치는 정신, 이것은 주체혁명위업의 완성을 위한 새로운 력사적시기의 시대정신이며 혁명의 최후승리를 향하여 과감히 돌진해나가는 락관적이며 창조적인 공격정신"이라고 했다.

또한 "경애하는 김정은동지께서는 다음과 같이 말씀하시였다. 〈우리는 이제부터 생눈길을 헤쳐나가는 심정으로 일해나가야 합니다.〉 우리가 기어이 걸어가야 할 생눈길은 위대한 대원수님들께서 온갖 로고를 겪으시며 헤쳐오신 혁명의 천만리길의 련속이며 주체혁명위업의 완성을 위한 최후승리의 길이다. 생눈길을 헤치는 정신에는 위대한 대원수님들께서 한생을 바쳐 풍만한 대지에 뿌려놓으신 씨앗을 잘 가꾸어 꽃으로 피우며 그 어떤 천지풍

파도 뚫고 기어이 통일되고 번영하는 강성국가를 일떠세우시려는 경애하는 김정은동지의 무한한 충정과 강철의 의지가 깃들어있다"고 말했다.

그 위에 "위대한 수령님의 령도밑에 높이 발양된 백두의 혁명정신, 천리마의 정신은 우리 조선의 지위와 면모에서 천지개벽을 안아온 위력한 시대정신이였다. 위대한 장군님의 령도밑에 1970년대 당의 기초축성시기에 창조된 속도전의 혁명정신은 이 땅우에 일대 민족적륭성번영의 시대를 열어놓았으며 1990년대에 세차게 나래친 고난의 행군정신, 혁명적군인정신은 선군의 기치밑에 조국과 민족, 사회주의의 운명을 수호하고 강성국가건설의 도약대를 마련한 필승불패의 혁명정신이였다"고 했다.

"생눈길을 헤치는 정신의 핵은 수령결사옹위이며, 그 위력의 원천은 일심단결과 총대에 있다. 전당, 전군, 전인민이 경애하는 김정은동지의 두리에 단결하고 또 단결하며 총대를 억세게 틀어쥐고 진격로를 열어나가야 한다"고 했다.

'생눈길을 헤치는 정신'이라는 제기는 '1970년대 시대정신'만큼 큰 캠페인이 되지는 않았다. 그러나 이것도 '1970년대 시대정신'과 마찬가지로 김일성 주석, 김정일 총비서의 '백두산 혁명정신'을 계승하고 최고지도자에 충성을 다하며 어려운 상황을 이겨내 '강성국가'를 건설하자는 호소였다.

'2013년 신년사'

김정은은 실질적 집권 2년 차인 2013년 신정에 육성으로 '신년사'를 발표했다. 북한 최고지도자의 '신년사' 발표는 할아버지인 김일성 주석이 1994년 신정에 발표하고 나서 19년 만이었다. 김정은이 인민복 차림으로 김일성 주석의 퍼포먼스를 흉내 낸 육성연설이었다.

'신년사'는 2013년을 "새해 2013년은 김일성, 김정일조선의 새로운 100년대의 진군길에서 사회주의강성국가건설의 전환적국면을 열어나갈 거창한 창조와 변혁의 해"라고 규정했다.

  2013년의 '신년사'에서 지도이념과 관련된 언급 부분을 보면, 김정은의 헤어스타일과 연설 스타일은 분명히 김일성 주석을 의식한 연출이었으나 의외였던 것은 13번이나 '주체'라는 말이 사용되었지만 '주체사상'이라는 말이 자취를 감춘 것이었다. 다만 아버지 김정일 총비서 시대의 신년공동사설도 '주체사상'에 중점이 있었던 것은 아니었다. 신년공동사설에서 '주체사상'이 사용된 빈도는 2007년 2회, 2008년 3회, 2009년 3회, 2010년 2회, 2011년 1회, 2012년 1회에 불과하다. 하지만 북한의 '국시(國是)'라고도 할 '주체사상'이 없었던 것에는 이유가 있었다.

  마찬가지로 '선군'은 6회 사용되었지만, '선군정치'나 '선군사상'에 대한 언급은 없었다. 그러나 '신년사' 전체를 흐르는 논조는 지극히 '선군'을 강조한 것이었다. 그것은 "군사력은 즉 국력이며 군사력을 백방으로 강화하는 길에 강성국가도 있고 인민의 안녕과 행복도 있습니다. 우리는 위대한 선군의 기치를 높이 들고 군사력 강화에 계속 큰 힘을 넣어 조국의 안전과 나라의 자주권을 믿음직하게 지키며 지역의 안정과 세계의 평화를 수호하는데 기여하여야 합니다"라는 말에도 나타나 있다. 선군정치나 선군사상이라는 단어는 없었지만 '선군 노선'은 강하게 제기되었다. 국민에게 호소할 때도 '우리 군대'를 먼저 말하고, 다음에 '인민'이 나왔다. 역시 '선군' 노선이었다.

  '주체사상'이나 '선군사상'이 자취를 감추고 그 대신 등장한 것이 '김일성–김정일주의'였다. 굳이 '주체사상' '선군사상'이라는 말을 사용하지 않고 이 두 가지 사상을 혼합한 '김일성–김정일주의'로 대체함으로써 자신의 정통성을 주장한 것으로 보인다.

'강성대국'에서 '백두산대국'으로

또한, 2013년 '신년사'에서 주목받은 것은 '백두산대국'이라는 말의 등장
이었다. 북한은 2012년에 "강성대국의 대문이 열린다"고 주장해 왔다. 그
러나 경제위기는 계속되고 인민 생활의 향상은 실감할 수 없었다. "강성대
국의 대문이 열렸다"고는 말할 수 없는 상태였다. '강성대국'을 '강성국가'
로 바꿔 강성국가 건설을 호소했으나, 그러면 기세가 오르지 않아서인지
"김일성동지와 김정일동지는 우리 인민이 수천년력사에서 처음으로 맞이
하고 높이 모신 위대한 수령이시며 백두산대국의 영원한 영상이시고 모든
승리와 영광의 기치이십니다"라고 김일성 주석과 김정일 총비서를 '백두산
대국의 영원한 영상'이라고 칭송했다.

북한의 공식 미디어가 '백두산대국'이라는 표현을 사용한 것은 이번이 처
음은 아니다. 《로동신문》은 2012년 6월 26일 1면 전면을 할애해 '최후의
승리를 향하여 앞으로'라는 노래 악보와 가사를 게재했다. '최후의 승리를
향하여 앞으로'라는 말은 김정은 제1비서가 2012년 4월 15일 김일성 주석
탄생 100주년에 열린 첫 육성 연설 마지막 부분에 나오는 말이다. 이 노래
1절 가사는 "일심의 천만군민 정신력 폭발시켜 조선은 강성국가 진군북을
울려간다 나가자 백두산대국아 당중앙 부름따라 최후의 승리를 향하여 앞
으로 앞으로"라는 것이다. 2절에서는 '당 중앙의 부름따라'라는 부분이 '선
군의 기치높이'로 바뀌고 3절에서는 '태양기 축복안고'가 된다. '당중앙'은
김정은 제1비서, '선군'은 김정일 총비서, '태양기'는 김일성 주석을 의미하
는 것으로 생각된다. 즉, 이 노래는 제목으로 김정은 제1비서 첫 연설의 마
지막 부분을 인용하면서 김정은 제1비서를 칭찬하는 노래인 동시에 김일
성 주석, 김정일 총비서, 김정은 제1비서로 이어지는 '백두산 3대' 혈통이야
말로 '백두산대국'을 구축해 간다는 의미를 갖게 한다. '당중앙'이 김정은을

가리킨다는 것은 나중에 큰 의미를 지닌다.

김정은 제1비서는 혁명유자녀들이 다니는 만경대혁명학원, 강반석혁명학원 창립 65주년을 맞이하여 보낸 2012년 10월 12일 자 서한에서도 "위대한 대원수님들의 필생의 념원을 실현하여 통일된 삼천리강산에 부강번영하는 백두산대국을 일떠세우기 위한 투쟁에서 선군혁명의 핵심골간들을 키워내는 원종장인 만경대혁명학원과 강반석혁명학원이 맡고있는 책임과 임무는 매우 중요합니다"라고 말하고 '백두산대국을 일떠세우기'를 호소했다.

나아가 북한이 인공위성 '광명성 3호 2호기' 발사에 성공했던 다음 날인 2012년 12월 13일 자 당 기관지 ≪로동신문≫은 1면에서 이 성과에 대해 '5천년민족사의 특대사변, 백두산대국의 종합적국력 과시'라면서 인공위성 발사 성공은 '백두산대국'의 국력을 과시하는 것이라고 주장했다.

북한이 '강성대국'이라는 슬로건을 '백두산대국'이라는 슬로건으로 바꾼 것은 아직도 식량 문제조차 해결할 수 없는 상황에서 "강성대국의 대문이 열렸다"고는 할 수 없었고 김정은 후계체제에 대한 충성을 강화해야 하는 상황에서 김일성 주석, 김정일 총비서, 김정은 제1비서라는 '백두의 혈통'을 전면에 내세워 체제 유지를 도모하려는 의도가 있었던 것으로 보였다.

제4장

'인민대중제일주의'의 맹아

'종자'로서의 '인민대중제일주의'의 등장

김정은의 2013년 '신년사'는 앞에서 언급했듯이 '선군사상'이라는 말은 사용하지 않았지만, 군사 우선의 중요성을 첫째로 강조하면서 이어 '인민'에 대해 언급했다.

특히, "수령님식, 장군님식 인민관을 지니고 인민을 위하여 발이 닳도록 뛰고 또 뛰며 낡은 사고방식과 틀에서 벗어나 모든 사업을 끊임없이 혁신하고 대중을 불러일으켜 대오의 진격로를 열어나가는 일군이 바로 오늘 우리 당이 요구하는 참된 일군입니다. 일군들은 〈모든것을 인민을 위하여, 모든것을 인민대중에게 의거하여!〉라는 구호를 높이 들고 헌신적으로 투쟁하여야 합니다. 일군들은 자기 사업에 대한 높은 책임감과 일욕심, 진취적인 사업태도를 가지고 최대의 마력을 내야 하며 당과 인민앞에 자기의 충실성과 실천력을 평가받아야 합니다"라고 강조했다.

여기에서 사용된 "모든것을 인민을 위하여, 모든것을 인민대중에게 의거하여!"라는 슬로건이 나중에 '인민대중제일주의'로 발전해 나가는 소재였다.

조선노동당은 2013년 1월 28일과 29일 평양에서 조선노동당 제4차 세포비서대회를 개최했다. 사회주의국가의 당 '세포'란 공산당 조직의 최말단 조직이다. 김정은은 개회사에서 이 세포비서대회의 개최는 김정일 총비서의 유훈이라고 말했다. 그때까지 1991년 5월, 1994년 3월 및 2007년 10월에 개최했었고, 이 대회가 네 번째였다.

김정은은 2012년 7월 군의 실력자인 리영호 총참모장을 숙청하고 김정일 시대의 '군주도' 선군 노선에서 '당주도' 선군 노선으로 전환하려고 했던 시기였다. 아직 '선군 노선'은 계속되고 있었지만, 변화는 시작되고 있었다. 당세포비서대회를 5년 만에 개최한 것은 김정은의 노선을 아래에서부터 철저하게 관철하려고 하는 의도가 있었던 것으로 보였다.

세포비서대회에서 김정은은 1월 28일 개회사를 하고 김기남 당 비서가 보고했다. 그리고 김정은은 29일에 연설을 했다.[1]

연설에서는 먼저 "우리 당과 군대와 인민은 위대한 수령님과 장군님의 불멸의 태양기아래 더욱 굳게 단결되였으며 수령님과 장군님의 유훈을 지켜 자주의 길, 선군의 길, 사회주의길을 따라 곧바로 전진하고있습니다"라고 선언하고 '자주, 선군, 사회주의'의 길을 걷겠다고 했다.

또한, 북한이 2012년 12월 사실상의 장거리 미사일이기도 한 인공위성 '광명성-3'호 2호기 발사에 성공한 것에 대해서 "백두산대국의 무진막강한 국력을 만방에 과시한 력사적장거"라며 "이제는 우리가 제국주의자들과의 대결에서 주도권을 더욱 확고히 틀어쥐게 되였으며 경제강국건설과 인민생활에서 전환을 일으키는것은 시간문제로 되였습니다"라고 평가했다.

---

1 "경애하는 김정은동지께서 조선로동당 제4차 세포비서대회에서 하신 연설", ≪로동신문≫, 2013.1.30.

그러나 이 연설의 중심과제는 거기에 있었던 것이 아니라 진정한 중심과제는 '인민'에 있었다. 김정은은 "우리 당을 하나의 사상의지로 굳게 단결되고 인민대중속에 깊이 뿌리박은 위력한 전투적참모부로 더욱 강화발전시키며 당과 인민의 혼연일체의 위력으로 이 땅우에 온 세계가 우러러보는 천하제일강국,인민의 락원을 반드시 일떠세워야 합니다"라고 호소했다.

또한 "김일성-김정일주의는 본질에 있어서 인민대중제일주의이며 인민을 하늘처럼 숭배하고 인민을 위하여 헌신적으로 복무하는 사람이 바로 참다운 김일성-김정일주의자"라고 했다. 그동안 조선노동당은 '김일성-김정일주의'를 지도이념으로 내세워 왔지만, 지금까지 지적했듯이 그것은 '유훈관철', '일심단결'이며 '자주, 선군, 사회주의의 길'이라는 선대, 선선대 최고지도자의 이념을 답습한 것으로 김정은 시대의 구체적인 '사상적인 핵'은 없었다.

김정은은 이 연설에서 처음으로 "김일성-김정일주의는 본질에서 인민대중제일주의이다"라는 자기 시대의 새로운 구호를 내걸었다. 김정은은 "위대한 수령님과 장군님을 모시는것처럼 우리 인민을 받들고 인민을 위하여 모든것을 다 바치려는것은 우리 당의 확고한 결심입니다. 〈모든것을 인민을 위하여, 모든것을 인민대중에게 의거하여!〉라는 구호에는 전당에 인민에 대한 사랑과 믿음의 정신이 꽉 차넘치게 하려는 당의 의지가 담겨져있습니다"라고 호소했다.

그리고 "우리 일군들과 당원들은 누구나 다 위대한 수령님과 장군님께서 한평생 걸으신 인민사랑의 길을 우리 당과 함께 꿋꿋이 이어가는 참된 동지,전우가 되여야 합니다. 당세포에서는 일군들과 당원들에게 수령님과 장군님께서 지니셨던 숭고한 인민관을 깊이 심어주어 그들이 인민을 자기 부모처자처럼 섬기고 사랑하도록 하여야 합니다"라고 지적했다.

김정은은 이 연설에서 처음으로 "김일성-김정일주의는 본질에서 인민대중제일주의이다"라는 자기 시대의 사상적인 핵심을 제시했지만, 그것은 아직 자기 시대의 강령적인 테제라고는 말할 수 없었다. 이 단계에서는 겨우 그 '종자(씨앗)'가 제시되었다고 해야 할 것이다.

'엄간애민'

이 연설에서 '인민대중제일주의'는 그 자체의 의미가 심화된 것이 아니라 인민대중의 이익에 맞지 않는 간부 비판의 지렛대 역할로서 제시되었다.

연설은 "적들이 우리 당과 인민의 일심단결을 허물기 위하여 그 어느때보다도 악랄하게 책동하고있는 오늘 세도군,관료주의자들이야말로 우리 당이 단호히 쳐야 할 주되는 투쟁대상"이라면서 당내 권세주의자와 관료주의를 격렬하게 비판했다. 그리고 "그런데 당조직들이 당에서 세도와 관료주의를 없앨데 대하여 강조하면 사상투쟁회의를 열고 몇몇 일군들을 처벌하는데 그치고 일군들을 혁명화하기 위한 사업을 근기있게 밀고나가지 못하였습니다"라고 당의 자세를 비판했다. 그리고 당이 대중 안에 들어가야 한다면서 당원의 등을 떠 밀은 김정은은 "세포비서들은 능숙한 군중공작방법을 지녀야 하며 군중앞에서 춤도 추고 노래도 부르며 선동연설도 할줄 아는 팔방미인이 되여야 합니다"라고 구체적인 주문까지 했다.

이 연설은 '세도(권력 남용)와 관료주의'가 만연하고 있음을 반대로 증명했다고도 할 수 있었다. 그러므로 김정은은 선대, 선선대의 '유훈'을 활용해 당 말단에서 '권력 남용과 관료주의'에 대한 투쟁을 호소했다. 연설은 "세도(권력 남용)와 관료주의는 단순히 일군들의 성격상문제나 사업작풍상의 문제가 아니라 사상상의 문제"라고 지적했다. "당중앙위원회는 인민대중중심의 사회주의 화원에 돋아난 독초와 같은 세도와 관료주의를 벌초만 할것이 아니라 뿌리채 뽑아버리기로 단단히 결심하였습니다. 세도와 관료주의를 반대하는 투쟁은 모든 당조직들과 당원들이 다 떨쳐나서야 할 전당적인 사업"이라고 선언했다. 2013년 1월 단계에서 이런 '세도와 관료주의'에 대한 투쟁이 같은 해 말 전개되는 장성택 당 행정부장의 숙청까지 갈 것으로 예상한 사람은 아무도 없었을 것이다.

김정은은 "사람은 돌부처가 아닌 이상 사업과 생활과정에 과오를 범할수도 있고 용서받기 힘든 죄를 지을수도 있습니다. 설사 엄중한 과오나 죄를 지은 사람이라고 하여도 그에게 99%의 나쁜 점이 있고 단 1%의 좋은 점, 량심이 있다면 우리는 그 량심을 귀중히 여겨야 하며 대담하게 믿고 포섭하여 재생의 길로 이끌어주어야 합니다"라고 호소했다.

그리고 "오늘 우리 당은 혁명의 북소리를 높이 울리던 1970년대의 투쟁정신을 부활시켜 세계를 향하여 나아가는 새로운 시대정신을 창조할것을 요구하고있습니다"라고 1970년대 간부를 본받아야 한다고 했다. 당 간부에는 엄격하고 인민에게는 사랑을 가지고 대하는, 이른바 '엄간애민'이 '인민대중제일주의'의 큰 요소가 되었다.

김정은은 같은 달 29일 '폐회사'까지 했다. 세포비서대회 참가자를 대상으로 1월 29일부터 2월 1일까지 강습회를 실시했으며, 강습에서는 "절세의 위인이신 경애하는 김정은원수님을 진심으로 높이 받들이 모시는것이 혁명전사들의 신성한 의무이며 본분", "모든 당세포를 쇠소리나는 전투조직으로 만들자"고 강조했다.

그러나 김정은이 2012년 4월 제4차 당 대표자회 이후 처음 개최한 것이 당의 말단조직인 세포비서를 모은 회의였다는 것은 김정은이 '당의 재건'과 '당의 복권'을 최우선 과제로 하고 있음을 보여주었다. 선군 노선을 내세우면서도 아버지 시대의 '선군'보다는 당 우선의 '선당'으로의 노선전환처럼 보였다.

김정은 시대의 새로운 이데올로기가 되는 '인민대중제일주의'는 간부들의 '권력 남용과 관료주의'에 대한 안티테제로서 제시되었지만, 이 철학이 더 큰 테제로 성장해가기 위해서는 더욱 시간이 필요했다.

김정일 동지의 평생 이념은 '인민대중제일주의'

당 기관지 《로동신문》은 2013년 2월 16일 자 '위대한 김정일동지의 인민사랑의 력사는 영원히 흐를 것이다'라는 제목의 사설에서 "위대한 김정일동지의 한평생의 리념은 인민대중제일주의이다. 어버이장군님의 사상도 조국과 인민을 위한것이고 장군님의 정치도 인민을 위한 인덕정치이며 장군님의 풍모도 가장 숭고한 조국애와 인민사랑으로 빛나고 있다. 사색도 활동도 인민과 떨어진적이 한순간도 없으신것이 장군님의 비범한 한생이였다"고 지적했다.[2]

김정일의 생애를 관철하는 이념을 '인민대중제일주의'라는 말로 표현했다. 1월 세포비서대회에서 처음 등장한 이 말을 김정일 총비서의 생애를 표현하는 이념으로 삼았다. 사설은 "김정일동지께서는 선군혁명령도의 첫 자욱을 떼신 1960년대로부터 로동당시대의 일대 전성기가 펼쳐진 70년대와 80년대 그리고 가장 어려운 고난의 행군시기에도 인민이 하늘이고 선생이라는 립장을 드팀없이 견지하여오시였다. 세상에는 위대한 장군님과 같이 자기의 정치리념에 인민대중중심, 인민대중제일주의를 새겨넣고 그것을 추호도 어길수 없는 초석으로 내세운 인민적인 령도자는 없었다"고 칭송했다.

---

2 "〈사설〉 위대한 김정일동지의 인민사랑의 력사는 영원히 흐를 것이다", 《로동신문》, 2013.2.16.

같은 해 4월 15일 김일성 주석의 생일날 ≪로동신문≫ 사설 '위대한 김일성동지를 주체의 태양으로 영원히 높이 받들어모신 우리 공화국은 필승불패이다'는 '인민대중제일주의'라는 말은 사용하지 않았으나 30회에 걸쳐 '인민'이라는 말을 쓰면서 김일성 주석의 '인민애'를 칭찬했다.[3]

'인민대중제일주의'는 분명히 김정은 시대를 위해 만들어진 구호였지만, 그것이 김정은에 의해 갑자기 만들어진 것이 아니라 김일성 주석, 김정일 총비서의 '인민'관을 '계승'하여 만들어진 것임을 주장하는 흐름이었다.

김정일 총비서의 '선군사상'의 기원에 관해 처음에는 김정일이 1995년 1월에 타박솔 초소를 방문한 것이라고 했지만, 나중에 김정일이 1960년 8월 김일성 주석과 함께 '근위서울, 류경수 105 전차사단'을 방문한 것으로 수정됐다. '선군'이 김정일의 실적이지만 그 뿌리가 선대 김일성 주석과 함께한 활동으로 함으로써 '계승'을 강조했다.

김정은의 '인민대중제일주의' 역시 김일성 주석과 김정일 총비서가 좌우명으로 삼았던 '이민위천'에 뿌리를 두고 김일성 주석과 김정일 총비서도 '인민대중제일주의'의 위인이었다는 것을 '인민대중제일주의'의 위대성의 근거로 하는 수법을 사용했다고 할 수 있을 것이다.

≪로동신문≫은 2013년 12월 27일 자 '우리 식 사회주의는 인민대중제일주의를 구현한 주체의 사회주의이다'라는 제목의 사설에서 김정일 총비서가 "주체의 사회주의는 인민대중이 모든것의 주인으로 되고 사회의 모든 것이 인민대중을 위하여 복무하는 사람중심의 사회주의"라고 했다고 소개하고 "우리 나라와 같이 사회제도도, 국가의 모든 법들도 인민중시,인민사랑을 근본초석으로 하고있는 나라는 없다. 우리 식 사회주의건설의 전로정

---

3 "〈사설〉 위대한 김일성동지의 사상과 업적은 백두산대국의 력사와 더불어 영원히 빛날 것이다", ≪로동신문≫, 2013.4.15.

은 인민의 리익과 편의를 최우선,절대시하며 인민의 꿈과 리상을 실현해온 인민대중제일주의의 력사로 빛나고있다"고 지적했다.[4]

여기서도 선대 김정일 총비서의 말을 인용하는 형태로 북한이 '인민대중제일주의'의 나라인 것을 강조했다.

경제건설과 핵무력건설의 '병진노선'

조선노동당 당중앙위원회는 2013년 3월 31일 3월 전원회의를 개최한 데 이어 4월 1일 최고인민회의 제12기 제7차 회의가 개최되었다.

당중앙위 전원회의는 2010년 9월 제3차 당대표자회 때 개최한 이래 약 2년 반 만이었다. 당중앙위 전원회의는 '경제건설'과 '핵무기 개발'을 병행하여 추진하는 '새로운 전략적 노선'을 제시했다.

경제건설과 국방력건설을 동시에 하는 것 자체는 '새로운 노선'이 아니며, 김일성 주석도 김정일 총비서도 했던 일이었다. 김일성 주석은 5·16 군사 쿠데타로 한국에 박정희 군사정권이 탄생하자 1962년 당중앙위 전원회의에서 '경제·국방건설을 병행해서 추진'하는 노선을 채택했다. 김정일 총비서도 '선군정치'와 '강성대국의 대문을 여는' 것을 동시에 추진했다.

당중앙위 2013년 3월 전원회의 후에 나온 '보도'는 "경제건설과 핵무력건설 병진로선은 위대한 대원수님들의 투철한 민족자주의 리념과 파란만장의 선군혁명령도사가 비껴있는 자위적핵무력을 천백배로 강화하여 반미대결전을 총결산하며 이 땅우에 천하제일강국, 인민의 락원을 하루빨리 일떠

---

4 "〈사설〉 우리 식 사회주의는 인민대중제일주의를 구현한 주체의 사회주의이다", 《로동신문》, 2013.12.27.

세우려는 우리 당의 확고부동한 신념과 의지의 결정체"라며 이 '병진노선'은 김일성, 김정일 양대 원수 노선의 계승이라고 강조했다.[5]

또한 "새로운 병진로선의 참다운 우월성은 국방비를 추가적으로 늘이지 않고도 전쟁억제력과 방위력의 효과를 결정적으로 높임으로써 경제건설과 인민생활향상에 힘을 집중할수 있게 한다는데 있다"고 지적했다.

이것은 김정은 정권이 선대들의 정권과 달리 핵무기나 미사일이라는 대량살상무기 개발을 통해 재래식 무기의 열세를 만회하려는 노선이며, 병진노선을 취한다고 추가적으로 국방비가 늘어나지 않는다고 했다.

당중앙위 전원회의는 "선군조선의 핵무기는 결코 미국의 딸라와 바꾸려는 상품이 아니며 우리의 무장해제를 노리는 대화마당과 협상탁우에 올려놓고 론의할 정치적흥정물이나 경제적거래물이 아니다"라며 국제사회가 요구하는 핵의 포기를 다시 거부했다.

당 기관지 ≪로동신문≫은 4월 1일 자 사설에서 "이것은 위대한 대원수님들의 사상과 위업을 받들어 우리 조국을 하루빨리 강위력하고 번영하는 백두산대국으로, 천하제일강국으로 세계에 높이 떨치려는 우리 당의 확고부동한 의지의 힘있는 과시로 된다"고 병진노선을 칭송했다.[6]

그리고 "자주의 핵보검을 억세게 틀어쥐고 나라와 민족의 존엄과 안전을 굳건히 수호하며 경제건설을 힘있게 다그쳐 강성국가건설의 최후승리를 앞당겨나가는 것, 이것이 당중앙위원회 3월전원회의의 기본정신"이라고 했다. 그리고 "경제건설과 핵무력건설 병진로선은 우리의 사상과 위업, 우리의 사회주의제도를 끝까지 고수하고 빛내여 나가려는 우리 당과 인민의

---

5 "조선로동당 중앙위원회 2013년 3월 전원회의에 관한 보도", ≪로동신문≫, 2013.4.1.

6 "〈사설〉 당중앙위원회 2013년 3월전원회의정신을 높이 받들고 경제건설과 핵무력건설병진로선을 철저히 관철하자", ≪로동신문≫, 2013.4.1.

철석같은 신념의 분출이다"면서 "경제건설과 핵무력건설 병진로선은 경제건설에 큰 힘을 넣어 우리 인민이 하루빨리 사회주의부귀영화를 마음껏 누리게 하려는 우리 당의 드팀없는 의지와 결심의 힘있는 과시"라고 '병진 노선'이 '인민생활의 향상'으로 이어진다고 했다.

그 위에 "우리 당의 새로운 병진로선은 경애하는 김정은동지께서 지니신 수령의 혁명위업에 대한 무한한 충실성과 비범한 예지, 무비의 담력과 특출한 정치실력의 결정체"이며 수령들에 대한 김정은의 충실성을 강조했다.

김정은은 3월 전원회의 보고에서 "위대한 대원수님들의 고귀한 한생이 어려있는 선군혁명위업은 오늘 새로운 력사적전환기를 맞이하고있습니다. 우리는 선군의 위력을 백방으로 강화하고 그에 의거하여 전체 인민이 남부럽지 않게 잘사는 천하제일강국, 인민의 락원을 기어이 일떠세워야 합니다. 만난시련을 이겨내며 당을 따라 변함없이 한길을 걸어온 우리 인민이 선군의 덕으로 세상에서 가장 행복하고 유족한 생활을 누리게 하려는 우리 당의 결심은 확고합니다"라고 호소했다.

앞에서 언급한 《로동신문》 4월 1일 자 사설은 "새로운 병진로선이 제시됨으로써 선군조선의 자주적존엄을 영원히 고수하고 빛내이며 경제강국건설에서 보다 큰 비약과 혁신을 일으켜나갈수 있는 불멸의 대강이 마련되게 되었다"고 말해 병진 노선은 선군 노선을 빛나게 하는 것이라고 지적했다.

그러나 김정은은 선군노선의 계승을 강조하면서도 핵·미사일 개발로의 전환을 '선군혁명위업'의 역사적 전환으로 파악하고 이를 지렛대로 '인민의 낙원'을 구축하겠다고 했다. 김정일 총비서가 추진한 선군노선을 계승한다고 하면서도 선군혁명위업이 "역사적 전환기를 맞고 있다"고 규정한 것은 선군노선의 전환을 시사한 것으로 보였다.

북한은 경제건설을 위해 4월 1일 최고인민회의 제12기 제7차 회의에서는 김정일 총비서가 2002년 '7·1조치' 당시 경제개혁을 담당했던 박봉주 당

경공업 부장을 총리에 기용했다.

　한편, 최고인민회의는 '자위적핵보유국의 지위를 더욱 공고히 할데 대하여'라는 법률을 채택하고 핵보유를 입법화했다.[7]

7　"〈조선민주주의인민공화국 최고인민회의 법령〉 자위적핵보유국의 지위를 더욱 공고히 할데 대하여", ≪로동신문≫, 2013.4.1.

제5장

'당의 유일사상체계확립 10대 원칙'에서
'당의 유일적령도체계확립 10대 원칙'으로

'당의 유일적령도체계확립 10대 원칙'

북한은 2013년 6월 최고지도자에 대한 주민의 행동규범을 정한 '당의 유일사상체계확립 10대 원칙'을 39년 만에 '당의 유일적령도체계확립 10대 원칙'으로 개정했다.[1]

북한에서 '10대 원칙'은 헌법이나 당규약 이상으로 주민생활의 행동을 구속하는 최고규범으로 여겨지고 있다.

이 '10대 원칙'은 원래는 김일성 주석의 동생인 김영주 당 조직담당 비서(당시)가 1967년경 책정해 주민들을 학습시켰던 것이다.

---

[1] 북한이 2013년 6월에 새로운 '10대 원칙'을 만들었던 것은 이해 8월 12일 한국의 ≪조선일보≫가 특종 보도하고, 다른 미디어도 일제히 보도함으로써 일반에게 알려졌다. 현재(집필 시점) 한국의 정보기관 국가정보원이 홈페이지에 게재하고 있는 『북한법령집』에도 수록되어 있다.

김정일은 1973년 9월 9일 당중앙위 제5기 제7차 전원회의에서 당 조직·선전담당 비서로 선출되었으며, 1974년 2월 당중앙위 제5기 제8차 전원회의에서 '후계자'로 결정되었다. 그 후 김정일은 새롭게 10개 조, 65개 항목으로 구성된 '당의 유일사상체계확립 10대 원칙'을 1974년 4월에 책정하고[2] 이를 소책자로 만들어 전 주민에게 배포해 이것을 암기하고 행동규범으로 삼을 것을 요구했다. 북한에서 '10대 원칙'은 김일성 주석에 대한 주민의 절대적인 충성을 요구하는 행동규범이며, 그 책정은 후계자로 결정된 김정일에 의한 큰 실적 만들기이기도 했다.

김정은은 그 '10대 원칙'을 '당의 유일적령도체계확립 10대 원칙'으로, '유일적 사상체계'를 '유일적 령도체계'로 개편하고 10개 조, 60개 항목으로 축소 통합했다. 김정일은 '10대 원칙'을 자신의 후계자로서의 실적 만들기로 활용했지만, 김정은은 자신의 권력 계승, 세습을 정당화하고 자신에 대한 주민의 충성을 규범화시키려고 하는 작업이었다. '유일적 사상체계'를 '유일적 령도체계'로 개칭한 것을 봐도 자신의 '유일적 령도체계', 즉 개인독재체제를 강화하는 작업이기도 했다. '사상의 통제'를 '령도의 통제'로 한층 더 발전시켰다고 할 수 있다. '10대 원칙'의 세목(細目)을 제외한 개정은 다음과 같은 것이었다.

제1조

(구) 위대한 수령 김일성동지의 혁명사상으로 온 사회를 일색화하기 위하여 몸바쳐투쟁하여야 한다.

(신) 온 사회를 김일성 김정일주의화하기위하여 몸바쳐 투쟁하여야 한다.

---

2 김정일의 10대 원칙 제정 시기에 대해서는 국가정보원『북한법령집』수록 10대 원칙의 주 (1).

온 사회를 김일성-김정일주의화하는 것은 우리 당의 최고강령이며 당의
유일적령도체계를 세우는 사업의 총적목표이다.

제2조

(구) 위대한 수령 김일성동지를 충성으로 높이 우러러 모셔야 한다.

(신) 위대한 김일성동지와 김정일동지를 우리 당과 인민의 영원한 수령으
로 주체의 태양으로 높이 받들어 모셔야 한다.

제3조

(구) 위대한 수령 김일성동지의 권위를 절대화하여야 한다.

(신) 위대한 김일성동지와 김정일동지의 권위, 당의 권위를 절대화하며
결사옹위 하여야 한다.

제4조

(구) 위대한 수령 김일성동지의 혁명사상을 신념으로 삼고 수령님의 교시
를 신조화하여야 한다.

(신) 위대한 김일성동지와 김정일동지의 혁명사상과 그 구현인 당의 로선
과 정책으로 철저히 무장하여야 한다.

제5조

(구) 위대한 수령 김일성동지의 교시 집행에서 무조건성의 원칙을 철저히
지켜야 한다.

(신) 위대한 김일성동지와 김정일동지의 유훈, 당의 로선과 방침관철에서
무조건성의 원칙을 철저히 지켜야 한다.

제6조

(구) 위대한 수령 김일성동지를 중심으로 하는 전당의 사상의지적통일과
혁명적단결을 강화하여야 한다.

(신) 령도자를 중심으로 하는 전당의 사상의지적통일과 혁명적단결을 백
방으로 강화하여야 한다.

제7조

(구) 위대한 수령 김일성동지를 따라 배워 공산주의적 풍모와 혁명사업
방법, 인민사업 작풍을 소유하여야 한다.

(신) 위대한 김일성동지와 김정일동지를 따라배워 고상한 정신도덕적 풍
모와 혁명적사업방법, 인민적사업작풍을 지녀야 한다.

제8조

(구) 위대한 수령 김일성동지께서 안겨주신 정치적생명을 귀중히 간직하
며 수령님의 크나큰 정치적 신임과 배려에 높은 정치적 자각과 기술로써
충성으로 보답하여야 한다.

(신) 당과 수령이 안겨준 정치적생명을 귀중히 간직하며 당의 신임과 배
려에 높은 정치적자각과 사업실적으로 보답하여야 한다.

제9조

(구) 위대한 수령 김일성동지의 유일적령도밑에 전당, 전국, 전군이 한결
같이 움직이는 강한 조직규률을 세워야 한다.

(신) 당의 유일적령도밑에 전당, 전국, 전군이 하나와 같이 움직이는 강한
조직규률을 세워야 한다.

제10조

(구) 위대한 수령 김일성동지께서 개척하신 혁명위업을 대를 이어 끝까지 계승하며 완성하여나가야 한다.

(신) 위대한 김일성동지께서 개척하시고 김일성동지와 김정일동지께서 이끌어오신 주체혁명위업, 선군혁명위업을 대를 이어 끝까지 계승완성하여야 한다.

'10대 원칙'의 개정은 구 원칙은 모든 규정이 '김일성'에 대한 충성을 강요한 것이었지만, 김정일이 사망하고 김정일 총비서를 김일성 주석과 동격의 '수령'으로 모셨기 때문에 구 '10대 원칙'에 있던 '김일성'의 기술을 '김일성, 김정일'이라는 두 명의 수령으로 바꿔야 하는 실무적인 필요가 있었다.

물론 '10대 원칙' 개정의 목적은 그것만이 아니었다. '10대 원칙'을 '김정은 시대 10대 원칙'으로 다시 써야 했다.

첫째, 이 개정은 김정은의 '유일적 영도체계' 확립을 위해 이뤄졌다. 10대 원칙의 명칭은 '당의'로 되어 있지만, 실체적으로는 '김정은의 유일적 영도체계 강화'였다. 이 개정 '10대 원칙'에서 '당'이란 최고지도자인 김정은을 가리켰다.

개정 전 제10조에서 "전당과 온 사회에 유일사상체계를 철저히 세우며 수령님께서 개척하신 혁명위업을 대를 이어 빛나게 완수하기 위하여 수령님의 령도밑에 당중앙의 유일적 지도체제를 확고히 세워야 한다"라고 되어 김정일은 '당중앙'이라는 말로 자신의 '유일적 영도체계' 확립을 목표로 삼았다. 김정일이 '10대 원칙'을 책정한 가장 큰 이유로 후계자로 결정된 김정일이 라이벌인 삼촌 김영주나 이복동생 김평일을 배격하는 무기로 활용한 측면이 있었다.

김정은도 단순히 김정일의 사망 때문에 용어를 수정해야 한다는 것 이상

표 1_ 각 항목에서의 '10대 원칙'의 주요 변화

	구 10대 원칙	신 10대 원칙
말의 변화	'김일성' '김일성의 혁명사상'	'김일성·김정일' '김일성-김정일주의'
서문	"우리 인민은 조국과 혁명을 믿음직하게 보위하는 일당백의 혁명무력"	"핵무력을 중추로 하는 군사력"
제1조	"프롤레타리아 독재정권과 사회주의 제도를 보위" "사회주의, 공산주의 위업의 완성을 위해"	"우리의 사회주의제도를 튼튼히 보위" "주체혁명위업의 완성을 위해"
제3조	"수령 김일성 동지의 초상화, 석고상 … 을 정중히 모시고 다루며"	"백두산 절세위인들의 초상화, 석고상 … 을 정중히 모시고 다루며"
제4조	"위대한 수령 김일성동지의 교시와 개별 간부의 지시를 엄격히 구별한다"	"당의 방침과 지시를 개별 간부의 지시와 엄격히 구별하며"
제6조	"위대한 수령 김일성동지를 중심으로 하는 전당의 사상의사적 통일과 혁명적 단결을 강화해야 한다" "개별적 간부들에 대해 환상을 갖거나 아부아첨하여 우상화하거나 무원칙하게 내세우는 현상을 반대해야 하며" "당의 통일단결을 파괴하고 좀먹는 종파주의, 지방주의, 가족주의를 비롯한 온갖 반당적 사상요소를 반대해 투쟁하며"	"령도자를 중심으로 하는 전당의 사상의 사적 통일과 혁명적 단결을 눈동자와 같이 지키고 더욱 튼튼히 다져나가야 한다" "개별적 간부들에 대한 환상, 아부아첨, 우상화를 배격하며 개별적 간부들의 직권에 눌리워 맹종맹동하거나 비원칙적으로 행동하는 현상을 철저히 없애야" "당의 통일단결을 파괴하고 좀먹는 종파주의, 지방주의, 가족주의를 비롯한 온갖 반당적 요소와 동상이몽, 양봉음위하는 현상을 반대하여"
제7조	"관료주의, 주관주의, 형식주의, 본위주의를 비롯한 낡은 사업방법과 작풍을 철저히 배격하여야 한다"	"세도와 관료주의, 주관주의, 형식주의, 본위주의를 비롯한 낡은 사업방법과 작풍을 철저히 없애야 한다"
제9조	"위대한 수령 김일성동지의 유일적령도밑에 전당, 전국, 전군이 한결같이 움직이는 강한 조직규률을 세워야 한다. 위대한 수령 김일성동지의 유일적령도체계를 튼튼히 세우는것은 당을 조직사상적으로 강화하고 당의 령도적 역할과 전투적 기능을 높이기 위한 근본요구이며 혁명과 건설의 승리를 위한 확고한 담보이다"	"당의 유일적령도밑에 전당, 전국, 전군이 하나와 같이 움직이는 강한 조직규률을 세워야 한다. 당의 유일적령도밑에 전당, 전국, 전군이 하나와 같이 움직이는 강한 조직규률을 세우는 것은 당의 유일적령도체계확립의 중요한 요구이며 주체혁명위업, 선군혁명위업의 승리를 위한 결정적 담보이다"
제10조	"전당과 온 사회에 유일사상체계를 철저히 세우며 수령님께서 개척하신 혁명위업을 대를 이어 빛나게 완수하기 위하여 수령님의 령도밑에 당중앙의 유일적 지도체제를 확고히 세워야 한다"	"우리 당과 혁명의 명맥을 백두의 혈통으로 영원히 이어나가며 주체의 혁명전통을 끊임없이 계승발전시키고 그 순결성을 철저히 고수하여야 한다"

으로 후계자가 된 자신의 유일적 영도체계의 확립을 위한 토대가 필요했다.

구 '10대 원칙'의 제6조는 "전당의 강철같은 통일단결은 당의 불패의 힘의 원천이며 혁명승리의 확고한 담보이다. 위대한 수령 김일성동지를 중심으로 하는 전당의 사상 의지적통일을 눈동자와 같이 지키고 더욱 튼튼히 다져나가야 한다"고 되어 있었지만, 개정 '10대 원칙'에서는 "령도자를 중심으로 하는 강철같은 통일단결은 당의 생명이고 불패의 힘의 원천이며 혁명승리의 확고한 담보이다. 령도자를 중심으로 하는 전당의 사상의지적통일과 혁명적단결을 눈동자와 같이 지키고 더욱 튼튼히 다져나가야 한다"고 했다. '령도자', 즉 김정은을 중심으로 하는 통일과 단결이야말로 혁명승리의 확고한 담보라고 했다.

구 '10대 원칙' 제9조는 "위대한 수령 김일성동지의 혁명사상을 유일한 지도적지침으로 하여"로 되어 있었지만, 개정 후에는 '당의 유일적령도밑에'라고 되었다. 이 '당'도 김정은을 가리키는 말이었다.

정권이 출범하고 얼마 지나지 않은 김정은을 수령 김일성 주석과 동렬로 취급하기 어렵기 때문에 김정일이 '당중앙'이라는 말을 쓴 것처럼 '당'이나 '영도자'라는 말을 사용해 김정은의 유일적 영도체계 확립을 목표로 했던 것이 '10대 원칙'의 가장 우선적인 과제였다. 이것은 김정일 시대에는 기능하지 않았던 조선노동당을 핵심으로 국가를 운영한다는 김정은 시대의 큰 방침 전환을 의미했다.

둘째, 김일성, 김정일, 김정은으로 이어지는 3대 세습의 정당화였다. 제10조는 "위대한 김일성동지께서 개척하시고 김일성동지와 김정일동지께서 이끌어오신 주체혁명위업, 선군혁명위업을 대를 이어 끝까지 계승완성하여야 한다"라고 주체혁명위업, 선군혁명위업의 '대를 이은 계승·완성'을 요구했다. 제10조 제2항에서는 "우리 당과 혁명의 명맥을 백두의 혈통으로 영원히 이어나가며 주체의 혁명전통을 끊임없이 계승발전시키고 그 순결성을 철저히 고수하여야 한다"고 규정함으로써 후계자는 '백두 혈통'을 계승하는 사람이어야 한다는 것을 명문화해 김정은의 세습을 정당화했다. 제3조 제4항에서도 '백두산 절세위인들'이라는 표현을 삽입해 김정은을 포함한 김일성 주석의 '백두 혈통'을 절대화했다.

북한이 최고규범으로 삼고 있는 이 '10대 원칙'을 대외적으로 공표하지 않은 것은 아마 이 제10조의 규정 때문으로 보인다. '백두 혈통'이 아니면 최고지도자가 될 수 없다는 제10조의 존재는 사회주의, 민주주의가 아니라 봉건제도 자체이기 때문이다.

셋째, 백두 혈통의 절대화와 함께 개별 간부에 대한 맹목적인 복종이나 파벌 형성에 의한 권세의 배격이다. 이것은 나중에 큰 의미를 가져온다.

구 '10대 원칙' 제4조 제8항은 "위대한 수령 김일성동지의 교시와 개별적간부들의 지시를 엄격히 구별하며"로 되어 있었지만, 개정 '10대 원칙' 제4조 제7항에서는 "당의 방침과 지시를 개별적간부들의 지시와 엄격히 구별하며 개별적 간부들의 지시에 대하여서는 당의 방침과 지시에 맞는가 맞지 않는가를 따져보고 원칙적으로 대하며 개별적 간부들의 발언내용을 결론이요, 지시요 하면서 조직적으로 전달하거나 집체적으로 토의하는 일이 없어야 한다"고 규정했다. 북한에서는 '간부' 또한 '당'에 소속되어 있음에도 불구하고 '당의 방침과 지시'와 '개별 간부의 지시'를 '엄격히 구별'하라는 것은 이 '당'이 김정은을 가리킨다고 봐야 할 것이다. 김정은의 지시와 개별 간부의 지시는 엄밀히 구별하라는 엄명이다.

제6조 제4항에는 "개별적간부들에 대한 환상, 아부아첨, 우상화를 배격하며 개별적 간부들의 직권에 눌리워 맹종맹동하거나 비원칙적으로 행동하는 현상을 철저히 없애야 한다"라고 개별 간부에 대한 충성이 아니라 최고지도자에 대해서만 충성을 요구했다.

동 제5항은 "당의 통일단결을 파괴하고 좀먹는 종파주의, 지방주의, 가족주의를 비롯한 온갖 반당적 요소와 동상이몽, 양봉음위하는 현상을 반대하여 견결히 투쟁하여야 한다"며 '종파주의, 지방주의, 가족주의'와의 투쟁을 요구했다. 여기서 '동상이몽, 양봉음위'라는 말이 새로 삽입된 것을 기억해야 한다. 나중에 의미를 지니게 된다.

또한, 제7조 제8항은 구 '10대 원칙'에서는 "관료주의, 주관주의, 형식주의, 본위주의를 비롯한 낡은 사업 방법과 작풍을 철저히 배격하여야 한다"고 했지만, 개정 '10대 원칙' 제7조 제7항에서 이 관료주의 앞에 '세도'를 넣어 "세도와 관료주의, 주관주의, 형식주의, 본위주의를 비롯한 낡은 사업방법과 작풍을 철저히 없애야 한다"고 개정했다. 배격해야 할 대상으로 '세도'를 김정은 집권 저해 요인의 첫 번째로 꼽은 셈이다. 이것도 기억해야 할 일이다. '세도'를 김정은 집권의 최대 저해 요인으로 생각했다는 것이다.

'세도'라는 말은 일반적으로 '권세' 등으로 번역되는 경우가 많지만, 한반도에서는 조선시대 후기 '세도정치'라 불리는 정치형태가 존재했다. 원래는 유능한 가신이 왕을 보좌하고 국정 운영을 강화한다는 뜻이지만, 왕이 어린 경우 가신이 권세를 농단하고 국정을 사물화하는 상황이 발생해 조선왕조의 약체화를 초래했다. 아직 20대 후반에 최고 권력자 자리에 앉은 김정은에게 있어서 유력 간부에 의한 '세도'를 배격해야 할 대상의 첫째로 꼽은 것은 간부가 권력을 농단하는 것에 대한 위기의식이 있었다는 것에 주목할 수밖에 없다.

넷째, '10대 원칙' 속에 '핵무력을 핵심으로 하는 군사력'을 명문화한 것이다. 서문에서는 "위대한 수령님과 장군님의 현명한 령도에 의하여 우리나라는 수령, 당, 대중이 일심단결되고 핵무력을 중추로 하는 무적의 군사력과 튼튼한 자립경제를 가진 사회주의강국으로 위력을 떨치게 되었다"고 했다. 북한은 2012년 개정한 헌법에서 '핵보유국'임을 명기했고 '10대 원칙'에도 '핵무력을 중추로 하는 무적의 군사력'을 명기했다.

다섯째, 구 '10대 원칙'에서는 제1조 제3항에서 "위대한 수령 김일성동지께서 세우신 프로레타리아 독재정권과 사회주의제도를 튼튼히 보위하고 공고 발전시키기 위하여 헌신적으로 투쟁하여야 한다"고 했지만, 이를 "위대한 김일성동지께서 세우시고 수령님과 장군님께서 빛내여주신 가장 우월한 우리의 사회주의제도를 튼튼히 보위하고 공고발전시키기 위하여 헌신적으로 투쟁하여야 한다"로 바꾸고, 제4항도 "주체사상의 위대한 혁명적 기치를 높이 들고 조국통일과 혁명의 전국적 승리를 위하여, 우리 나라에서의 사회주의, 공산주의 위업의 완성을 위하여 모든 것을 다 바쳐 투쟁하여야 한다"고 했던 것을 "주체사상의 기치, 자주의 기치를 높이 들고 조국통일과 혁명의 전국적승리를 위하여 주체혁명위업의 완성을 위하여 적극 투쟁하여야 한다"고 했다. '사회주의, 공산주의의 위업'은 삭제되고 북한의 독자적인 정치형태인 '주체혁명위업'으로 바뀐 것이다.

북한은 이미 2009년의 헌법 개정과 2010년 당규약 개정으로 각각 '공산주의'의 기술을 삭제했으며, 그 연장선에서 10대 원칙에서 프롤레타리아 독재와 사회주의, 공산주의를 삭제해 일반적인 사회주의, 공산주의 노선이 아니라 북한 독자적인 노선으로의 다시 쓰기가 이루어졌다.

'혁명발전의 요구에 맞게 당의 유일적령도체계를 더욱 철저히 세울데 대하여'

국가정보원이 홈페이지 '북한법령집'에서 공개한 '당의 유일적 영도체계 확립 10대 원칙'의 공포일은 2013년 6월 19일로 되어 있다.

김정은 당 제1비서는 6월 19일 당, 군, 내각 간부들을 모아 '혁명발전의 요구에 맞게 당의 유일적령도체계를 더욱 철저히 세울데 대하여'라는 제목을 붙인 연설을 했으며, 이 내용은 조선노동당 출판사에서 소책자로 출판

되었다.[3]

김정은 당 제1비서는 이 연설에서 "당의 유일적령도체계를 철저히 세우는것은 혁명적당건설의 근본원칙이며 주체혁명위업의 완성을 위하여 우리가 틀어쥐고나가야 할 가장 중요한 사업"이라면서 '당의 유일적영도체계를 철저히 세우는 것'을 '가장 중요한 사업'이라고 했다. 앞서 언급했듯이 이는 김정은 당 제1비서의 '유일적 영도체계'의 확립이다.

나아가 "당의 유일적령도체계는 수령의 혁명사상을 유일한 지도적지침으로 삼고 수령의 령도밑에 혁명과 건설을 전진시켜나가는 수령의 사상체계이며 령도체계"라고 말했다. 그리고 "당의 사상적일색화와 조직적단결, 혁명과 건설에서 주체확립, 이것은 본질에 있어서 당의 유일사상체계, 유일적령도체계를 세우기 위한 투쟁이였습니다"라고 규정했다.

그 위에 "위대한 장군님께서는 당중앙위원회에서 사업을 시작하시면서 당안에 숨어있던 반당수정주의분자들의 책동을 단호히 폭로분쇄하고 당의 유일사상체계를 세우기 위한 사업에 선차적인 힘을 넣으시여 우리 당을 수령의 사상체계, 령도체계가 튼튼히 선 불패의 혁명적당으로 강화발전시키시였습니다"라고 말해 아버지 김정일이 당중앙위에서 활동을 시작해 당내 반당 수정주의 분자들을 폭로 분쇄했다고 했다.

그리고 김정일이 '당의 유일사상체계 확립 10대 원칙'을 만들고 당의 건설과 활동의 강령적 규범으로 삼아 간부와 주민의 유일한 지침이 되었다고 평가했다. "〈당의 유일사상체계확립 10대 원칙〉이 발표됨으로써 전당과 온 사회에 유일사상체계, 유일적령도체계를 세우는 사업이 새로운 높은 단계에로 심화발전되고 우리 당의 강화발전과 주체혁명위업수행에서 커다란

---

3 "北 김정은, 6월 고위간부에게 '유일영도' 직접 연설", 연합뉴스, 2013.12.22.

전변이 이룩되었습니다"라고 말했다.

그 위에 "우리 당은 혁명발전의 요구에 맞게 당의 유일적령도체계를 더욱 철저히 세워나가기 위하여 〈당의 유일사상체계확립 10대 원칙〉을 계승하고 심화발전시켜 〈당의 유일적령도체계확립 10대 원칙〉을 내놓기로 하였습니다"라고 지적했다.

김정은은 "〈당의 유일적령도체계확립 10대 원칙〉은 〈당의 유일사상체계확립 10대 원칙〉의 전면적계승이며 그 심화발전"이라고 강조했다. 그리고 "당의 유일적령도체계를 세우는 사업을 모든 일군들과 당원들과 근로자들이 당과 수령에 대한 절대적이고 신념화된 충실성을 지니도록 하는데 기본을 두고 진행하여야 합니다"라면서 '당과 수령'에 대한 '절대적이고 신념화된 충실성'을 요구했다.

'10대 원칙'에서 '당'이라는 표현은 김정은을 가리킨다는 것은 이미 지적했지만, 여기서 말하는 '수령'이 누구를 가리키는지는 모호하다. 어떤 의미에서 여기서 말하는 '수령'이 김정은일 가능성을 암묵하는 것처럼도 보인다.

김정은은 "우리가 당의 유일적령도체계확립을 위한 사업을 심화시켜나가는것은 조선로동당을 영원히 위대한 김일성동지와 김정일동지의 존함으로 빛내이며 령도자를 중심으로 하는 당의 통일단결을 백방으로 다져 당이 우리 혁명의 참모부로서의 사명과 역할을 다하도록 하기 위해서입니다"라고 했다.

장성택 당 행정부장 숙청

김정은은 2012년 7월 리영호 군 총참모장을 숙청하고 2013년 1월 조선노동당 제4회 세포비서대회에서는 "당중앙위원회는 인민대중중심의 사회주의 화원에 돋아난 독초와 같은 세도와 관료주의를 벌초만 할것이 아니라 뿌리채 뽑아버리기로 단단히 결심하였습니다"라고 말했다. 또 같은 해 6월의 '10대 원칙'의 개정은 분명히 자신의 유일적 영도체계 확립을 위한 다음 목표를 향한 주도면밀한 준비였다.

북한 언론의 장성택 당 행정부장에 관한 보도는 2013년 11월 6일 방북한 안토니오 이노키 참의원 의원단과 회견하고, 같은 날 평양체육관에서 열린 일조(북일) 양국 체육대학 간의 농구 경기 참관 보도 이후 끊겼다.[4]

당 기관지 ≪로동신문≫은 12월 1일 자 '위대한 김정일동지의 유훈을 끝까지 빛나게 실현해나가자'라는 제목의 사설에서 "우리는 경애하는 원수님의 유일적령도체계를 더욱 철저히 세우며 전당과 온 사회에 오직 자기 령도자의 사상과 숨결만이 힘있게 맥박치게 하여야 한다. 누구나 혁명승리에 대한 철석의 신념을 지니고 경애하는 원수님의 두리에 사상의지적으로, 도덕의리적으로 굳게 뭉쳐야 하며 이 세상 끝까지 원수님과 뜻을 같이하고 운명을 함께 하는 김정은시대의 열혈의 동지, 참된 혁명전우가 되여야 한다"고 호소했다.[5]

한국의 정보기관 국가정보원은 12월 3일 국회 정보위원회에서 북한 장성택 당 행정부장의 측근인 리룡하 당 행정부 제1부부장, 장수길 당 행정부 부부장이 11월 하순에 공개 처형되었으며, 장성택 국방위 부위원장의 동정이 파악되지 않아 실각했을 가능성이 크다고 보고했다.[6]

다음 날인 12월 4일 자 ≪로동신문≫의 '혁명적신념은 목숨보다 귀중하다'라는 논설은 "위대한 대원수님들(김일성 주석, 김정일 총비서)에 대한 영

---

4 "조일 두 나라 체육대학 선수들 롱구경기 진행", ≪로동신문≫, 2013.11.7.

5 "위대한 김정일동지의 유훈을 끝까지 빛나게 실현해나가자", ≪로동신문≫, 2013.12.1.

6 "北 2인자 장성택 실각설 … 국정원 '측근 2명 공개처형'", 연합뉴스, 2013.12.3.

원한 충정으로 심장을 불태우시며 일편단심의 그 한길로만 우리 당과 인민을 이끄시는 경애하는 김정은원수님에 대한 절대적인 신뢰, 이것이야말로 오늘 우리 인민들모두의 혁명적신념을 억년 드놀지 않게 받들어주는 초석인것이다"라면서 김정은 제1비서에 대한 충성을 요구했다.[7]

논설은 그 위에 "적들앞에 투항하고 딴 길을 걷는 사람만이 배신자가 아니다"며 "이런 정황에서는 이렇게 말하고 저런 정황에서는 저렇게도 말하며 난관 앞에서 무릎을 꿇고 동요하는 사람에게서 어찌 신념을 론할 수 있으랴"라고 호소했다. 논설은 "신념이 없는 인간은 그가 어떤 위치에서 어떤 일을 하든 추호도 용서치 말고 준엄한 심판을 주어야 한다는 것이 인류량심의 목소리"라고 주장해 '장성택의 처단'을 시사했다. 이 논설은 "세상에 배신자들처럼 더러운자들이 없다", "변절자, 배신자들은 인간의 량심이 티끌만치도 없는 속물들이며 력사의 오물들이다"라며 극단적으로 비난했다.

그리고 조선노동당은 2013년 12월 8일 김정은 당 제1비서, 국방위 제1위원장의 '지도'에 따라 당중앙위 정치국 확대회의를 개최하고 김정은의 고모부인 장성택 당 행정부장(당 정치국원, 국방위 부위원장)을 '반당·반혁명 종파 행위'를 이유로 모든 직책에서 해임하고 모든 칭호를 박탈하고 당에서 추방, 제명한다는 당중앙위 정치국 결정서를 채택했다.[8]

그리고 12월 12일 국가안전보위부 특별군사법정이 열려 장성택에 대해 '국가 전복 음모'죄로 사형 판결이 내려지고 당일 집행되었다.

당 정치국 확대회의에서는 장성택 당 행정부장 사건을 "최근 당안에 배겨있던 우연분자, 이색분자들이 주체혁명위업계승의 중대한 력사적시기에

---

7 "혁명적신념은 목숨보다 귀중하다", ≪로동신문≫, 2013.12.4.
8 "조선로동당 중앙위원회 정치국 확대회의에 관한 보도", ≪로동신문≫, 2013.12.9.

당의 유일적령도를 거세하려들면서 분파책동으로 자기 세력을 확장하고 감히 당에 도전해나서는 위험천만한 반당반혁명적종파사건이 발생하였다"며 김정은의 유일적 영도체계의 확립을 방해한 사건으로 규정했다.

확대회의는 "장성택일당은 당의 통일단결을 좀먹고 당의 유일적 령도체계를 세우는 사업을 저해하는 반당 반혁명적 종파행위를 감행하고 강성국가건설과 인민생활향상을 위한 투쟁에 막대한 해독을 끼치는 반국가적, 반인민적범죄행위를 저질렀다"고 단죄했다.

나아가 "장성택은 앞에서는 당과 수령을 받드는척 하고 뒤에 돌아앉아서는 동상이몽, 양봉음위하는 종파적행위를 일삼았다"고 했다.

여기서 상기해야 할 것은 2013년 6월 '당의 유일적 령도체계확립 10대 원칙'을 개정했을 때 "당의 통일단결을 파괴하고 좀먹는 종파주의, 지방주의, 가족주의를 비롯한 온갖 반당적 요소와 동상이몽, 양봉음위하는 현상을 반대하여 견결히 투쟁하여야 한다"는 조항을 삽입했다는 사실이다. 나아가 '철저히 배격하는' 대상의 맨 앞에 '세도'를 꼽았다는 것이다.

'10대 원칙'의 개정은 장성택 당 행정부장의 숙청을 향한 준비 작업이라고 생각할 수밖에 없었고, 같은 해 6월 시점에서 주도면밀하게 장성택 당 행정부장의 숙청을 위한 준비 작업이 이미 시작되었다는 것이다.

국가안전보위부 특별군사법정의 판결은 장성택의 죄상을 다음과 같이 상세하게 언급했다.

① 장성택은 전당, 전군, 전민의 일치한 념원과 의사에 따라 경애하는 김정은동지를 위대한 장군님의 유일한 후계자로 높이 추대할데 대한 중대한 문제가 토의되는 시기에 왼새끼를 꼬면서 령도의 계승문제를 음으로 양으로 방해하는 천추에 용납 못할 대역죄를 지었다.

② 1980년대부터 아첨군인 리룡하놈을 제놈이 다른 직무에 조동될 때마

다 끌고다니였으며 당의 유일적령도를 거부하는 종파적행동을 하여 쫓겨났던 그자를 체계적으로 당중앙위원회 제1부부장자리에까지 올려놓아 제놈의 심복졸개로 만들어놓았다.

③ 부서와 산하단위의 기구를 대대적으로 늘이면서 나라의 전반사업을 걷어쥐고 성, 중앙기관들에 깊숙이 손을 뻗치려고 책동하였으며 제놈이 있던 부서를 그 누구도 다치지 못하는 '소왕국'으로 만들어놓았다.

④ 1980년대 광복거리건설때부터 귀금속을 걷어모아온 장성택은 수중에 비밀기관을 만들어놓고는 국가의 법은 안중에도 없이 은행에서 거액의 자금을 빼내여 귀금속을 사들임으로써 국가의 재정관리체계에 커다란 혼란을 조성하는 반국가범죄행위를 감행하였다.

⑤ 장성택이 제놈에 대한 환상과 우상화를 조장시키려고 끈질기게 책동한 결과 놈이 있던 부서와 산하기관의 아첨분자, 추종분자들은 장성택을 '1번동지'라고 취주며 어떻게 하나 잘 보이기 위해 당의 지시도 거역하는데까지 이르렀다.

⑥ 장성택은 부서와 대상기관에 당의 방침보다도 제놈의 말을 더 중시하고 받아무는 이질적인 사업체계를 세워놓음으로써 심복졸개들과 추종자들이 조선인민군 최고사령관 명령에 불복하는 반혁명적인 행위를 서슴없이 감행하게 하였다.

⑦ 장성택은 당과 국가의 최고권력을 가로채기 위한 첫단계로 내각총리자리에 올라앉을 개꿈을 꾸면서 제놈이 있던 부서가 나라의 중요경제부문들을 다 걷어쥐여 내각을 무력화시킴으로써 나라의 경제와 인민생활을 수습할수 없는 파국에로 몰아가려고 획책하였다.

⑧ 위대한 장군님께서 최고인민회의 제10기 제1차회의에서 세워주신 새로운 국가기구체계를 무시하고 내각소속 검열감독기관들을 제놈밑에 소속시키였으며 위원회, 성, 중앙기관과 도, 시, 군급기관을 내오거나

없애는 문제, 무역 및 외화벌이단위와 재외기구를 조직하는 문제, 생활비적용문제를 비롯하여 내각에서 맡아하던 일체 기구사업과 관련한 모든 문제를 손안에 걸어쥐고 제 마음대로 좌지우지함으로써 내각이 경제사령부로서의 기능과 역할을 제대로 할수 없게 하였다.

⑨ 장성택은 직권을 악용하여 위대한 대원수님들께서 세워주신 수도건설과 관련한 사업체계를 헝클어놓아 몇년사이에 건설건재기지들을 페허로 만들다싶이 하고 교활한 수법으로 수도건설단위 기술자, 기능공대렬을 약화시키였으며 중요건설단위들을 심복들에게 넘겨주어 돈벌이를 하게 만들어놓음으로써 평양시건설을 고의적으로 방해하였다.

⑩ 장성택은 석탄을 비롯한 귀중한 지하자원을 망탕 팔아먹도록 하여 심복들이 거간군들에게 속아 많은 빚을 지게 만들고 지난 5월 그 빚을 갚는다고 하면서 라선경제무역지대의 토지를 50년 기한으로 외국에 팔아먹는 매국행위도 서슴지 않았다.

⑪ 장성택이 2009년 한해에만도 제놈의 비밀돈창고에서 460여만 유로를 꺼내 탕진한 사실과 외국도박장출입까지 한 사실 하나만 놓고보아도 놈이 얼마나 타락, 변질되였는가를 잘 알수 있다.

⑫ 무엄하게도 대동강타일공장에 위대한 대원수님들의 모자이크영상작품과 현지지도사적비를 모시는 사업을 가로막았을뿐아니라 경애하는 원수님께서 조선인민내무군 군부대에 보내주신 친필서한을 천연화강석에 새겨 부대 지휘부청사앞에 정중히 모시자는 장병들의 일치한 의견을 묵살하던 끝에 마지못해 그늘진 한쪽구석에 건립하게 내리먹이는 망동을 부렸다.

⑬ 2009년 만고역적 박남기놈을 부추겨 수천억원의 우리 돈을 람발하면서 엄청난 경제적혼란이 일어나게 하고 민심을 어지럽히도록 배후조종한 장본인도 바로 장성택이다.

⑭ 장성택은 2009년부터 온갖 추잡하고 더러운 사진자료들을 심복졸개들에게 류포시켜 자본주의날라리풍이 우리 내부에 들어오도록 선도하였으며 가는 곳마다에서 돈을 망탕 뿌리면서 부화방탕한 생활을 일삼았다.

나아가 장성택 행정부장이 "일정한 시기에 가서 경제가 완전히 주저앉고 국가가 붕괴직전에 이르면 내가 있던 부서와 모든 경제기관들을 내각에 집중시키고 내가 총리를 하려고 하였다. 내가 총리가 된 다음에는 지금까지 여러가지 명목으로 확보한 막대한 자금으로 일정하게 생활문제를 풀어주면 인민들과 군대는 나의 만세를 부를것이며 정변은 순조롭게 성사될것으로 타산하였다"고 자백했다고 했다.

12월 8일 당 정치국 확대회의가 "장성택일당은 당의 통일단결을 좀먹고 당의 유일적령도체계를 세우는 사업을 저해하는 반당반혁명적종파행위를 감행하고"라고 지적한 바와 같이 이 사건은 김정은의 유일적 영도체계 확립을 위한 장애물을 제거하기 위한 것이었다. 그것은 권력 계승의 정통성 확립 작업이기도 했다.

그리고 정치국 확대회의 보도가 "장성택은 앞에서는 당과 수령을 받드는 척 하고 뒤에 돌아앉아서는 동상이몽, 양봉음위하는 종파적행위를 일삼았다"고 말했듯이, 이 사건은 명시적이지는 않으나 김정은이 사실상의 '수령'이고, '수령'에 대한 절대적 충성심이 없는 '세도'를 배제했던 사건이었다.

김정은은 군의 실력자인 리영호 총참모장을 2012년 7월 숙청한 데 이어 2013년 12월 당의 실력자였던 장성택 당 행정부장을 숙청함으로써 자신의 유일적 영도체계 확립을 한 걸음 더 확실하게 했다.

제6장

제7차 당대회

제7회 당대회에서의 '선군' 평가와 '선군의 기치' 내걸기

조선노동당은 2016년 5월 6일부터 9일까지 평양에서 제7차 당대회를 개최했다. 당대회 개최는 김일성 시대인 1980년 10월 10일부터 14일까지 개최된 제6차 당대회 이후 36년 만이었다. 2010년 9월의 제3차 당대표자회와 2012년 4월의 제4차 당대표자회도 당대회에 버금가는 중요회의였지만, 아버지 김정일 총비서 시대에는 한 번도 못 열었던 당대회를 개최함으로써 북한이 조선노동당을 중심으로 움직인다는 정상적인 형태로의 복귀를 정식으로 제도화하는 자리였다.

김정일 총비서는 1997년 10월 당대회나 당중앙위 전원회의 개최가 아닌 당중앙위와 당 중앙군사위의 '특별보도'로 당 총비서에 추대됐다. 제3차 당대표자회나 제4차 당대표자회에서는 당 총비서와 당 제1비서 추대, 당규약의 개정 등을 했지만, 이것들은 본래 당대회에서 해야 하는 것이었다. 36년 만의 당대회는 조선노동당의 운영을 당규약에 따른 것으로 정상화하는 것이었다.

김정은은 첫날과 둘째 날 이틀에 걸쳐 약 3시간에 걸친 당중앙위 사업총화보고를 했다.[1]

김정은은 보고 모두 제1장 '주체사상, 선군정치의 위대한 승리'에서 1980년 제6차 당대회 이후 내정 면에서의 성과를 강조했다.

보고는 "주체사상은 세계적인 대정치풍파와 겹쌓인 난관속에서 우리 혁명을 주체의 한길로 향도해온 백승의 기치였으며 선군정치는 우리 당과 인민이 준엄한 난국을 뚫고 력사의 기적을 창조하게 한 승리의 보검"이었다고 총화하고 '선군정치'를 '주체사상'과 나란히 평가하면서 '승리의 보검'이라고 했다.

1980년대 후반 사회주의국가들의 붕괴에 대해 "조선로동당은 위대한 김정일동지의 현명한 령도밑에 위대한 수령님의 위업을 계승하여 조선혁명의 백승의 진로인 선군혁명로선을 확고히 견지하고 선군정치를 전면적으로 실시하였습니다"라고 말했다.

나아가 "선군혁명령도로 사회주의강국건설에서 일대 전환을 일으켜나감으로써 우리 당은 총대를 틀어쥐면 어떤 역경속에서도 세계적인 강국을 일떠세울수 있다는 진리를 확증하고 민족의 자주적발전과 사회주의위업수행의 새로운 높은 단계를 열어놓았습니다"라고 했다.

그 위에 "오늘 우리나라는 온 사회가 주체사상, 선군사상으로 일색화되고 천만군민이 투철한 혁명보위정신과 견결한 사회주의수호정신을 지니고 김일성민족의 위대한 정신력으로 거창한 변혁의 력사를 창조해나가는 불패의 사상강국으로 위력을 떨치고있습니다"라며 2016년 현재에도 "온 사

---

1 "〈조선로동당 제7차대회 결정서〉 조선로동당 중앙위원회 사업총화에 대하여", ≪로동신문≫, 2016.5.9.

회가 주체사상, 선군사상으로 일색화되고 있다"고 했다.

김정은의 총화보고는 1980년대 후반부터 90년대 초의 사회주의 진영 붕괴기에 북한이 체제를 수호할 수 있었던 것은 '선군정치'의 위업 때문이며 제7차 당대회 시점에서도 "온 사회는 주체사상, 선군사상으로 일색화됐다"라고 총화했다.

나아가 김정은은 총화보고 제2장 '사회주의위업의 완성을 위하여'에서 가장 먼저 '온 사회의 김일성-김정일주의화'를 들면서 "온 사회의 김일성-김정일주의화는 우리 당의 최고강령"이라고 강조했다.

김정은은 "온 사회를 김일성-김정일주의화한다는것은 사회의 모든 성원들을 참다운 김일성-김정일주의자로 키우고 정치와 군사, 경제와 문화를 비롯한 모든 분야를 김일성-김정일주의의 요구대로 개조하여 인민대중의 자주성을 완전히 실현해나간다는것을 의미합니다"라며 "위대한 주체사상, 선군사상에 기초하여 사회주의위업의 종국적승리를 위한 혁명리론과 령도방법을 전면적으로 체계화하고 사회생활의 모든 분야를 인민대중의 자주적지향과 요구에 맞게 혁명적으로 개조변혁해나가는 길을 뚜렷이 밝혀주고있는 여기에 우리 시대의 완성된 혁명의 지도사상으로서의 김일성-김정일주의의 특출한 력사적지위와 백승의 위력이 있습니다"라고 말했다.

나아가 "온 사회를 김일성-김정일주의화하는것은 위대한 수령님들의 사상과 의도대로 혁명과 건설을 밀고나가며 수령님과 장군님께서 조국과 혁명, 시대와 력사앞에 쌓아올리신 불멸의 업적을 빛내여나가는 성스러운 투쟁입니다"라고 지적했다.

여기서도 "온 사회를 김일성-김정일주의화하자"는 구호가 반복되었지만, '김일성-김정일주의'란 무엇인가 하는 명제에 대해서는 충분히 밝히지 않아 결국 '주체사상'과 '선군사상'에 귀결할 수밖에 없다는 것을 드러냈다.

그리고 "온 사회의 김일성-김정일주의화를 실현하는데서 오늘 우리앞에 나서는 기본투쟁과업은 사회주의강국건설위업을 완성하는것입니다"라며 "사회주의강국건설은 온 사회를 김일성-김정일주의화하기 위한 투쟁의 력사적단계이며 그것은 사회주의의 기초를 다지고 사회주의완전승리를 이룩해나가는 과정으로 됩니다"라고 했다.

'김일성-김정일주의'란 무엇인가에 대해서는 거의 말하지 않았고, 온 사회를 김일성-김정일주의화하는 '기본투쟁과제'는 '사회주의강국건설'이라는 논리 전환이 이루어진다.

더욱이 그 '사회주의강국건설'은 사상, 기술, 문화의 '3대 혁명'과 '자강력제일주의'에 의해 실현된다고 했다. 김정은은 2016년 '신년사'에서 '자강력제일주의'를 새로운 구호로 제시했다.[2]

사업총화보고에서 '자강력제일주의'는 "자체의 힘과 기술, 자원에 의거하여 주체적력량을 강화하고 자기의 앞길을 개척해나가는 혁명정신"이라고 설명했다. 그러나 본질적으로는 북한이 건국 이래 주장하고 있는 '자력갱생' 노선을 말만 바꾸었을 뿐이었다.

김정은은 향후 방침에 해당하는 부분인 제2장 '사회주의위업의 완성을 위하여'의 마지막에서 '정치·군사적 위력 강화'에 대해 언급하고, 여기서 "선군혁명로선을 항구적인 전략적로선으로 틀어쥐고 군사강국의 위력을 백방으로 강화하여야 하겠습니다"라고 말했으며, '선군 혁명 노선'을 '항구적인 전략적 노선'으로 삼아 '선군혁명노선'을 앞으로도 계속해 나가겠다는 자세를 보였다. 나아가 "제국주의자들과의 장기적이고 첨예한 대결속에서 사회주의위업의 승리를 이룩해나가자면 선군의 기치를 변함없이 높이 들고 혁명무력, 국방력강화에 계속 큰 힘을 넣어야 합니다"라고 말했다.

---

2 "⟨우리의 운명이고 미래이신 경애하는 김정은동지를 일편단심 받들어모시렵니다⟩ 신년사 김정은", ≪로동신문≫, 2016.1.1.

김정은은 당중앙위 사업총화보고에서 '선군혁명 노선을 영구적인 전략 노선'으로 삼아 앞으로도 '선군의 기치'를 변함없이 높이 내세우겠다고 했다.

제7차 당대회 개최 자체가 조선노동당에 의한 국가운영을 정상화하는 것이었지만, 김정은은 여전히 선군혁명 노선의 계속을 호소했다.

김정은은 제7차 당대회에서 조선노동당 위원장에 추대되어 그때까지의 '제1비서'에서 '당위원장'으로 직책명을 바꿨다.[3] 그리고 당 비서국은 '당 정무국'으로 재편되었다. 또한, 제7차 당대회에서는 2016년부터 2020년까지의 '국가경제발전 5개년전략'이 결정되었다.

통치 이데올로기로서의 '김일성-김정일주의'

김정은 정권이 들어서고 최초로 나온 사상적 구호는 '자주·선군·사회주의의 길'이었다. 이른바 김일성 주석의 '주체사상'과 김정일 총비서의 '선군사상'을 계승하고 사회주의를 옹호한다는 의미에서 북한으로서는 가장 무난한 노선을 제시했다.

그 후 '김일성-김정일주의'라는 구호가 등장했다.

김정은이 처음 발표한 '신년사'인 '2013년 신년사'에서는 '주체'라는 말은 13회나 쓰였지만 '주체사상'이라는 말은 사라졌다. 마찬가지로 '선군'이라는 말은 6회 쓰였지만, '선군사상'은 사라졌다. 그 대신 등장한 것이 '김일성-김정일주의'였다.

---

3 "〈조선로동당과 조선인민의 위대한 령도자 김정은동지께 최대의 영광을 드립니다〉〈조선로동당 제7차대회 결정서 주체105(2016)년 5월 9일〉 경애하는 김정은동지를 우리 당의 최고수위에 높이 추대할데 대하여", ≪로동신문≫, 2016.5.10.

그리고 김정은은 2016년 5월 제7차 당대회에서 당중앙위 사업총화보고에서 김정은 시대의 이데올로기로 '김일성-김정일주의'를 꼽았다. 김정일 시대에는 '온 사회의 김일성주의화'가 주장되었지만, 김정은 시대에는 '온 사회의 김일성-김정일주의화'가 주장되었다. '김일성-김정일주의'는 "위대한 김일성동지께서 창시하시고 김일성동지와 김정일동지께서 심화발전시키신 주체사상과 그에 의하여 밝혀진 혁명과 건설에 관한 리론과 방법의 전일적인 체계입니다"라고 설명되었다.

김정은은 "온 사회의 김일성-김정일주의화를 실현하는데서 오늘 우리앞에 나서는 기본투쟁과업은 사회주의강국건설위업을 완성하는것입니다"라고 했다.

주목해야 할 것은 사상적인 결합집단으로 규정하는 것에 대해서도 '김일성 주석의 주체사상, 김정일 총비서의 선군사상'을 기반으로 하지 않고 이를 융합한 '김일성-김정일주의'라는 하나의 사상에 결실시킨 점이다.

이는 김정일 총비서가 주체사상의 해석권을 장악하고 온 사회를 김일성주의화함으로써 체제 기반을 굳힌 것처럼 '김일성-김정일주의'라는 새로운 사상의 틀을 제시하고, 그 틀을 만들어낸 김정은 당위원장에게 사상적인 해석권을 주고, 온 사회를 '김일성-김정일주의화'할 권한을 김정은 당위원장에게 부여함으로써 김정은 시대의 권력 기반을 확고히 하려는 목적이 있었던 것은 아닐까 생각된다.

그러나 이는 김정은 당위원장에게 "김일성-김정일주의란 무엇인가?"라는 사상적인 과제를 제기했다. 조선노동당은 70년의 역사 속에서 주체사상, 혹은 선군사상이란 무엇인가 하는 것에 대해서는 축적된 것이 있었지만, '김일성-김정일주의'란 무엇인가에 대해 그리 깊고 광범위한 축적이 있다고는 할 수 없었다. 주체사상이란 무엇인가, 선군사상이란 무엇인가 하는 물음을 종합하고 융합하는 새로운 정리가 필요해졌다. 앞으로 그 작업이 김정은 시대의 이데올로기적 과제라고 할 수 있다.

또한, 김정은은 사업총화보고에서 "오늘 우리가 믿을것은 오직 자기의 힘밖에 없습니다"라며 "자체의 힘과 기술, 자원에 의거하여 주체적력량을 강화하고 자기의 앞길을 개척해나가는 혁명정신"으로 '자강력제일주의'를 강조했다.

'자강력제일주의'는 2016년 '신년사'에서 처음 등장한 말이다. 북한은 그때까지 '자력갱생'을 강조해 왔지만, 김정은 제1비서가 2016년 새해를 맞이해 같은 의미인 '자강력제일주의'라는 새로운 구호를 내걸기 시작한 배경에는 국제사회로부터의 제재 강화를 예측하고 자력으로 견뎌나가겠다는 방침을 세웠던 것으로 생각된다.

그 후에는 '자력·자강'이라는 말도 생겨났다. 지금까지의 '자력갱생'과 '자강력제일주의'를 결합한 것이다.

김정은은 '주체혁명을 최종승리로 이끄는 위대한 영도자'

제7차 당대회에서 조선노동당의 규약 개정이 이루어졌지만, 그 내용은 상세하게 보도되지 않았다. 다만 2016년 5월 10일 자 ≪로동신문≫이 당규약 개정 결정서를 해설하는 기사를 게재해 개요가 밝혀졌다.[4] 그 후 탈북자들이 만든 '자유북한방송'은 6월 7일 인터넷상에서 52쪽으로 구성된 『조선노동당규약』 책자를 입수했다고 보도하고 그 전문이 알려졌다.

당의 최고직책은 '조선노동당 위원장'이 되어 지금까지의 '제1비서'에서

---

4 "조선로동당 제7차대회에서 ≪조선로동당규약≫개정에 대한 결정서 채택", ≪로동신문≫, 2016.5.10.

'당위원장'으로 바뀌었다. 개정 당규약에서는 "조선로동당 위원장은 당의 최고령도자이다. 조선로동당 위원장은 당을 대표하며 전당을 령도한다"라고 규정되었다. 최고직책은 '당중앙위 위원장'이 아니라 '당위원장'이 되었다. 조선노동당은 1966년 10월 당중앙위 제4기 제14회 전원회의에서 중앙위원회의 위원장, 부위원장제를 폐지하고 총비서, 비서 체제로 개편했다. 그 후 김일성은 '당중앙위 총비서'로 선출되었다. 김일성 주석 사후 1997년 10월 당대회나 당중앙위 전원회의 등을 열지 않고 김정일은 '당 총비서'에 '추대'되었다. 이후 김정일은 '당중앙위 총비서'가 아니라 '당 총비서' 직책에 있었다. 김정일 사후 김정은도 제4차 당대표자회에서 당 최고위에 올랐지만 '당중앙위 제1비서'가 아니라 '당 제1비서'로 추대되었다. 당의 최고직책을 당중앙위가 선출하는 것이 아니라 당 전체가 추대하는 형태를 취한 것으로 보인다.

또한, 당규약 개정에서는 김일성 주석, 김정일 총비서, 김정은 당위원장의 최고지도자로서의 개념을 정리하고 그것을 당규약에 명기하여 정형화했다.

김일성 주석에 대해서는 "위대한 김일성동지는 조선노동당의 창건자이시고 영원한 수령이시다"라고 규정했다. 김정일 총비서에 대해서는 "위대한 김정일 동지는 조선노동당의 상징이시고 영원한 수반이시다"라고 규정했다.

김정은 당위원장에 대해서는 "경애하는 김정은동지는 조선로동당을 위대한 김일성동지와 김정일동지의 당으로 강화 발전시키시고 주체혁명을 최후승리에로 이끄시는 조선로동당과 조선인민의 위대한 령도자이시다"라고 규정했다.

구 규약은 "조선로동당은 위대한 김일성동지와 김정일동지의 당이다. 조선노동당은 위대한 수령 김일성 주석과 김정일 동지의 당이다"라며 김일성 주석의 실적과 김정일 총비서 실적을 기리며 "경애하는 김정은동지는 위대한 김일성동지와 김정일동지의 혁명위업을 승리에로 이끄시는 조선로동당과 조선인민의 위대한 령도자이시다"라고 규정되었다. 구 규약에서 선대와 선선대의 위업을 기리며 김정은을 이 '혁명위업'을 승리로 이끄는 '위대한 영도자'라고 했던 것이 개정규약에서는 김정은을 김일성 주석, 김정일 총비서와 나란히 동등하게 다루려는 색채가 조금 더 강해진 것처럼 보였다.

또한, 제4차 당대표자회에서 개정한 당규약에서는 "조선노동당은 위대한 김일성동지와 김정일동지의 당"이라고 규정했지만 "조선노동당은 위대한 김일성·김정일주의의 당"으로 개정되었다. 당의 의미 부여를 속인적(屬人的)인 기술에서 이념적 기술로 변경하고 당규약 모두에 '김일성-김정일주의의 당'이 명문화되었다.

제7장

'인민대중제일주의'

김정은은 앞에서 언급했듯이 2013년 1월 제4차 당세포비서대회에서 처음으로 '인민대중제일주의'라는 자기 시대의 사상적 핵이 되는 개념을 제시했다.

그리고 2014년 '신년사'에서는 '인민대중제일주의'라는 말은 사용하지 않았지만, "일군들이 혁명의 지휘성원, 인민의 충복으로서의 본분을 다하기 위하여 뛰고 또 뛰여야 합니다", "일군들은 인민들의 요구와 리익을 사업의 절대적기준으로 삼고 오직 인민들이 바라고 좋아하는 일을 하여야 하며 무슨 일을 하든 인민들이 덕을 보게 하여야 합니다. 일군들은 인민의 요구, 대중의 목소리에 무한히 성실하여야 하며 언제나 인민을 위해 헌신하는 인민의 참된 심부름군으로 살며 일하여야 합니다"라고 설명했다.[1]

그리고 2015년 '신년사'에서는 "어머니당의 본성에 맞게 당사업전반을

---

1 "〈우리의 운명이고 미래이신 경애하는 김정은동지를 천만년 높이 받들어모시렵니다〉 신년사 김정은", ≪로동신문≫, 2014.1.1.

인민대중제일주의로 일관시켜 전당에 인민을 존중하고 인민을 사랑하며 인민에게 의거하는 기풍이 차넘치게 하고 당사업의 주되는 힘이 인민생활 향상에 돌려지도록 하여야 합니다. 모든 당조직과 당일군들은 세도와 관료주의를 철저히 극복하며 인민들을 따뜻이 보살피고 잘 이끌어주어 그들모두가 우리 당을 어머니로 믿고 의지하며 당과 끝까지 생사운명을 같이해나가도록 하여야 합니다"라고 강조했으며, '신년사'에도 '인민대중제일주의'가 등장했다.[2]

김정은은 2015년 10월 10일 당 창건 70주년 군사 퍼레이드 연설에서 "위대한 김일성-김정일주의는 본질에 있어서 인민대중제일주의이며 우리 당의 존재방식은 인민을 위하여 복무하는것입니다"라고 강조했다.[3]

그 위에 "우리 당은 력사상 처음으로 인민중시, 인민존중, 인민사랑의 정치를 펼치시고 한평생 인민을 위하여 모든것을 다 바치신 위대한 수령님과 장군님의 고귀한 뜻을 받들어 오늘도 래일도 영원히 인민대중제일주의의 성스러운 력사를 수놓아갈것"이라고 말했다.

김정은의 2016년 '신년사'에서는 '인민대중제일주의'라는 말은 사용되지 않았고 "당조직들과 국가기관들은 인민중시, 인민존중, 인민사랑의 정치를 구현하여 인민의 요구와 리익을 절대시하며 인민들의 정치적생명과 물질문화생활을 책임지고 끝까지 돌봐주어야 합니다. 당조직들은 민심을 틀어쥐고 광범한 대중을 당의 두리에 튼튼히 묶어세우며 일군들속에서 일심단결을 좀먹고 파괴하는 세도와 관료주의, 부정부패행위를 반대하는 투쟁을

2 "〈우리의 운명이시고 미래이신 경애하는 김정은동지를 일편단심 받들어모시렵니다〉 신년사 김정은", ≪로동신문≫, 2015.1.1.

3 "조선로동당창건 70돐경축 열병식 및 평양시군중시위에서 하신 우리 당과 국가,군대의 최고령도자 김정은동지의 연설", ≪로동신문≫, 2016.10.11.

강도높게 벌려야 합니다"라며 '인민중시, 인민존중, 인민애의 정치'를 강조
했다.[4]

'인민대중제일주의'의 정식화

김정은은 2016년 5월에 열린 제7차 당대회 당중앙위원회 사업총화보고
에서 "당사업전반에 인민대중제일주의를 철저히 구현하여야 하겠습니다"
라고 말하며 '인민대중제일주의'를 당 활동 지침으로 정식화했다.

보고에서는 "인민대중제일주의를 구현하는것은 인민대중을 위하여 투
쟁하며 인민대중에게 의거하여 활동하는 우리 당의 본성적요구입니다. 모
든 당사업과 당활동을 인민대중을 중심에 놓고 진행하여야 합니다. 전당에
인민의 힘을 믿고 인민에게 의거하는 기풍이 차넘치게 하며 당사업의 주되
는 힘을 인민들의 복리증진에 돌려야 합니다. 〈전당이 위대한 인민을 위하
여 멸사복무하자!〉, 이것이 오늘 우리 당이 들고나가야 할 투쟁구호입니
다"라고 말했다.[5]

그리고 "우리는 인민을 존중하고 인민들의 운명을 지켜주며 인민들의 리
익과 편의를 최우선, 절대시하는것을 철칙으로 삼아야 합니다. 당일군들과
당원들은 당의 인민중시, 인민존중, 인민사랑의 뜻을 심장에 새기고 인민
앞에 무한히 겸손하여야 하며 생눈길을 앞장에서 헤치면서 인민이 바라는

---

4 "〈우리의 운명이고 미래이신 경애하는 김정은동지를 일편단심 받들어모시렵니다〉 신년사
  김정은", ≪로동신문≫, 2016.1.1.

5 "〈조선로동당 제7차대회 결정서〉 조선로동당 중앙위원회 사업총화에 대하여", ≪로동신문≫,
  2016.5.9.

일, 인민이 덕을 볼수 있는 일을 한가지라도 더 찾아하는 인민의 참된 충복
이 되어야 합니다"라고 강조했다.

나아가 "현시기 당사업에 인민대중제일주의를 구현하는데서 세도와 관
료주의, 부정부패행위는 추호도 용납할수 없는 〈주적〉"이라며 '세도와 관
료주의, 부정·부패행위'를 '인민대중제일주의'의 '주적'으로 규정했다.

그리고 제7차 당대회에서 당규약이 개정되었다. 2012년 개정된 당규약
서문 부분에서 "조선로동당은 계급로선과 군중로선을 철저히 관철하여 당
과 혁명의 계급진지를 굳건히 다지며 인민의 리익을 옹호하고 인민을 위하
여 복무하며 인민대중의 운명을 책임지고 돌보는 어머니당으로서의 본분
을 다해나간다"고 되어 있었지만, 이것을 "조선노동당은, 당건설과 당활동
을 인민대중제일주의로 일관시키고, 계급로선과 군중로선을 철저히 관철
하며, 당과 혁명의 계급진지를 굳건히 다지며, 인민의 리익을 옹호하고, 인
민을 위하여 멸사복무하며, 인민대중의 운명을 책임지고 돌보는 어머니당
으로서의 본분을 다해 나간다"로 개정해 당 건설과 당 활동에 있어서 '인민
대중제일주의'를 기본노선으로 한다고 했다.

'인민대중제일주의'는 당대회에서 김정은의 사업총화 보고로 당 활동의
지침이 되었으며, 당규약에서도 당의 기본노선으로 명기되어 명실상부한
조선노동당의 기본노선이 되었다.

북한에서는 김일성 시대나 김정일 시대 항상 '인민'이 강조되어 왔다. 김
일성 주석도 김정일 총비서도 '이민위천'을 좌우명으로 해왔다는 주장에 나
타나 있는 것처럼 '모두는 인민을 위해서'가 중심적인 테제였다. 김정일 시
대에는 '인덕정치', '광폭정치'가 강조되었다. 김정일 총비서는 1994년 발표
한 논문 「사회주의는 과학이다」에서 "인민대중중심의 사회주의는 사회생
활의 모든 분야에서 동지적 단결과 협조, 사랑과 믿음의 관계를 가장 훌륭
히 구현하며 정치도 사랑과 믿음의 정치로 전환시킨다. 사랑과 신뢰, 이는

인민대중이 정치의 대상으로부터 정치의 주인으로된 사회주의사회에서 정치의 본질을 이룬다"라고 하여 "우리는 사랑과 믿음의 정치를 인덕정치라고 한다"라고 지적했다.[6]

김정은 시대의 '인민대중제일주의'는 선대나 선선대와 어떤 차이가 있는 것일까?

첫째, '인민생활의 향상'을 보다 명확하게 지향하고 있다는 점이다. 김정은은 2012년 4월 15일 김일성 주석 탄생 100주년 연설에서도 "세상에서 제일 좋은 우리 인민, 만난시련을 이겨내며 당을 충직하게 받들어온 우리 인민이 다시는 허리띠를 조이지 않게 하며 사회주의부귀영화를 마음껏 누리게 하자는것이 우리 당의 확고한 결심입니다"라며 "우리는 위대한 김정일동지께서 경제강국건설과 인민생활향상을 위하여 뿌려놓으신 귀중한 씨앗들을 잘 가꾸어 빛나는 현실로 꽃피워나가야 합니다"라고 '인민생활의 향상'을 과제로 제시했다. 김정은 시대의 '인민대중제일주의'가 '인민생활의 향상'을 실현했다고는 말할 수 없지만, 김정은 시대에 '인민대중제일주의'가 내세우는 최대 목표가 '인민생활의 향상'이라는 것을 알 수 있다.

2017년 '신년사'에서는 "나를 굳게 믿어주고 한마음한뜻으로 열렬히 지지해주는 세상에서 제일 좋은 우리 인민을 어떻게 하면 신성히 더 높이 떠받들수 있겠는가 하는 근심으로 마음이 무거워집니다. 언제나 늘 마음뿐이였고 능력이 따라서지 못하는 안타까움과 자책속에 지난 한해를 보냈는데 올해에는 더욱 분발하고 전심전력하여 인민을 위해 더 많은 일을 찾아할 결심을 가다듬게 됩니다"라고 말하면서 자신의 부족함을 한탄했다.[7]

---

6 "사회주의는 과학이다", ≪로동신문≫, 1994.11.4.
7 "우리의 운명이시고 미래이신 경애하는 최고사령관 김정은동지를 일편단심 받들어 모시렵니다 신년사 김정은", ≪로동신문≫, 2017.1.1.

또한, 2020년 10월 10일 당 창건 75주년 군사 퍼레이드에서의 연설에서는 "하늘같고 바다같은 우리 인민의 너무도 크나큰 믿음을 받아안기만 하면서 언제나 제대로 한번 보답이 따르지 못해 정말 면목이 없습니다"라며 "제가 전체 인민의 신임속에 위대한 수령님과 위대한 장군님의 위업을 받들어 이 나라를 이끄는 중책을 지니고있지만 아직 노력과 정성이 부족하여 우리 인민들이 생활상어려움에서 벗어나지 못하고있습니다"라고 말하며 눈물을 보였다.[8]

'인민대중제일주의'의 가장 큰 약점은 '인민생활의 향상'을 외치면서도 전혀 그것이 실현되지 않고 있다는 점이다.

둘째, 간부정책, 민심이반방지 대책으로서의 '인민대중제일주의'이다. 2012년 4월 6일 '담화'에서는 "일군들은 인민을 위하여 자기의 모든것을 다 바쳐야 합니다. 일군을 위하여 인민이 있는것이 아니라 인민을 위하여 일군이 있습니다"라고 말했다. 또한, 2016년 제7차 당대회 보고에서는 '인민대중제일주의'의 적으로 '세도, 관료주의, 부정부패'를 들고 당 간부들이 인민을 위해 '멸사복무'할 것을 요구했다.

이것은 최고 권력자가 인민 측에 서서 당 간부의 '세도, 관료주의, 부정부패'를 비난함으로써 인민의 이반을 막으려는 의도가 배경에 있었던 것으로 보인다. 사회주의국가 대부분이 붕괴한 것은 어떤 의미에서는 인민이 이러한 당 간부들의 '세도, 관료주의, 부정부패'에 저항해 이것에 대한 투쟁이 일어났기 때문이다. 김정은은 '인민대중제일주의'를 내세우면서 당 간부들에 대한 통제, 관리를 강화함과 동시에 민심의 이반을 막는 최고 권력자의 심정을 인민대중에 전달한다는 이중의 기능을 노리고 있다고 해야 할 것이다.

---

8 "조선로동당창건 75돐경축 열병식에서 하신 우리 당과 국가, 무력의 최고령도자 김정은동지의 연설", ≪로동신문≫, 2020.10.10.

셋째, 계승의 측면이다. 김일성 주석, 김정일 총비서는 '이민위천'을 좌우 명으로 했다고 하는데, '인민을 하늘처럼 여긴다'는 사상이 김일성, 김정일, 김정은 등 3대에 걸쳐 일관되었던 사상이다. '인민대중제일주의'가 김정은 이 독자적으로 제시한 것은 아니며, '인민이 주인'이라는 주체사상의 생각 을 뿌리로 하는 사상의 계승이라면서 3대에 걸친 세습을 정당화하는 동시 에 3대 최고지도자의 훌륭함을 방증하려고 하는 역할을 하고 있다고 할 수 있다.

넷째, 그러나 '인민대중제일주의'라는 구호 자체는 김정은 시대가 되어 등장한 것이며 김정은의 사상이라는 측면을 가지고 있다. 김정일 총비서의 '인덕정치'와 '광폭정치'에는 위에서 아래로의 방향성이 강하지만, '인민대 중제일주의'에는 인민의 입장에서라는 시점을 강조하고 아버지와의 차별 화를 도모하고 있는 측면도 있다.

다섯째, 김정은 정권은 '인민대중제일주의'라는 친인민적 구호를 제시함 으로써 비로소 자기 시대의 사상적인 핵, 사상적인 구심점을 찾았다고 할 수 있다. 이것은 사상의 나라인 북한에서는 매우 큰 의미를 지닌다. 김정은 정권의 정통성을 보여주는 구호로서의 '인민대중제일주의'의 효과는 크다.

그렇지만 김정은 정권은 '인민대중제일주의'를 정권의 핵심적인 테제로 삼음으로써 '인민생활의 향상'을 인민으로부터 더욱 요구받는 딜레마에도 직면할 것이다. 그것이 민심이반을 초래하지는 않는다고 해도 '인민생활의 향상'이 실현되지 않으면 '인민대중제일주의'라는 구호의 구심력은 약화할 수밖에 없다는 문제에 직면할 것이라는 점도 사실이다.

제8장

'우리 국가제일주의'

김정은은 2019년 신정 '신년사'에서 "전체 당원들과 근로자들은 정세와 환경이 어떻게 변하든 우리 국가제일주의를 신념으로 간직하고 우리 식으로 사회주의경제건설을 힘있게 다그쳐나가며 세대를 이어 지켜온 소중한 사회주의 우리 집을 우리 손으로 세상에 보란듯이 훌륭하게 꾸려나갈 애국의 열망을 안고 성실한 피와 땀으로 조국의 위대한 력사를 써나가야 합니다"라고 말함으로써 '우리 국가제일주의'가 김정은의 새로운 통치이념으로 등장했다. 이후 당 기관지 ≪로동신문≫ 등에 '우리 국가제일주의'에 관한 논평이 자주 등장하게 된다.[1]

한편 김정은의 아버지 김정일 총비서는 '우리 민족제일주의'를 제창했다. 김정은이 '우리 국가제일주의'를 정식화함에 따라 김정일 총비서가 제창한 '우리 민족제일주의'는 북한의 공식 논조에서 사라지게 되지만, 그 과

---

1 ≪로동신문≫, 2019.1.1.

정에서 갈등은 없었을까? 북한이 어떻게 해서 '우리 민족제일주의'에서 '우리 국가제일주의'로 갈아탔는지 검증할 필요가 있다.

지금까지의 선행 연구는 북한의 공식 미디어에 '우리 국가제일주의'가 등장한 것은 ≪로동신문≫ 2017년 11월 30일 자 사설 '조국청사에 길이 빛날 민족의 대경사, 위대한 조선인민의 대승리'라고 보는 것이 많다.[2]

북한은 전날인 11월 29일 신형 대륙간탄도미사일(ICBM) '화성 15'의 발사 시험에 성공했으며, 김정은은 '국가핵무력 완성'을 선언했다.

이를 반영한 ≪로동신문≫의 같은 사설은 "모든 일군들과 당원들과 근로자들은 우리 국가제일주의, 우리 민족제일주의를 심장깊이 간직하고 사회주의 내 조국을 끝없이 빛내이기 위하여 삶의 순간순간을 영웅적투쟁과 위훈의 서사시로 력력히 아로새겨야 한다"고 강조했다.

다만 이 사설의 주된 논조는 '우리 국가제일주의'에 있다기보다는 전날의 '화성 15' 발사 시험의 성공으로 "오늘 우리는 자력갱생궤도우에서 수천년 민족사를 다해서도 맞이할수 없었던 위대한 대승리를 이룩하였다"고 하는 것이었다. 그 성공 위에 서서 "모두다 경애하는 최고령도자 김정은동지의 령도따라 주체조선의 존엄과 위용을 만방에 떨친 그 기세, 그 기백으로 반미대결전과 사회주의강국건설의 최후승리를 위하여 힘차게 싸워나가자"고 지적했다. 북한의 '우리 국가제일주의'가 신형 ICBM의 발사 시험 성공 다음 날에 등장했다는 것은 '우리 국가제일주의'가 북한의 핵·미사일 개발의 진전에 의해 만들어졌다는 인상을 주지만, 그것은 일부에 지나지 않는다.

북한 언론에 '우리 국가제일주의'가 처음 등장한 것은 이 사설이 아니고,

---

2 "〈사설〉 조국청사에 길이 빛날 민족의 대경사, 위대한 조선인민의 대승리", ≪로동신문≫, 2017.11.30.

같은 11월 20일 자 ≪로동신문≫에 게재된 정론 '신심드높이 질풍노도처럼 나가자'가 아닐까 추정한다.[3]

이 정론은 2017년 10월 7일에 개최한 당중앙위 제7기 제2차 전원회의 이후의 경제적인 성과를 강조하는 가운데 "어찌 그뿐이겠는가. 하늘을 나는 우리의 경비행기며 강원땅에 높이 솟은 발전소언제, 우리 인민들 누구나 즐겨찾는 〈철쭉〉상표양말과 귀여운 우리 아이들이 메고 다니는 〈소나무〉 책가방으로부터 려명거리종합상업구 매대에 쌓인 〈매봉산〉구두에 이르기까지 이 땅에 주렁지는 창조와 행복의 모든 열매들은 다 우리 민족제일주의, 우리 국가제일주의를 눈부신 실천으로 구현해오신 그이의 위대한 손길에서 마련된것들이다"라고 지적했다.

즉, '우리 국가제일주의'가 처음 나온 것은 '핵·미사일'과 관련된 것이 아니라 바로 '경제건설'에 매진하는 '우리 국가'라는 맥락에서 말한 것으로 보인다는 것이다. 20일 자 '정론'은 사회주의 강성국가 건설의 '성(盛)' 부분에 역점이 놓여 있었고, 30일 사설은 '강(强)' 부분에 역점이 있었다. 북한은 11월 29일 국가핵무력 완성, 2018년 2월 트럼프 전 미국 대통령의 북미 정상회담 약속이라는 과정을 거쳐 2018년 4월 당중앙위 제7기 제3차 전원회의에서 '병진노선'을 종료하고 경제건설에 집중하는 노선을 제시했다. 여기로 가는 과정에서 '우리 국가제일주의'가 국내적으로 논의되어 2019년 '신년사'에서 정식화되었다고 할 수 있다.

흥미로운 것은 '정론'도 '사설'도 '우리 국가제일주의'뿐만 아니라 김정일 총비서에 의해 제창된 '우리 민족제일주의'를 함께 제시하고 있다는 것이다. 이는 '우리 국가제일주의'가 '우리 민족제일주의'를 부정하는 것이 아님

---

3 "정론 '신심드높이 질풍노도처럼 나가자'", ≪로동신문≫, 2017.11.20.

을 보여주기 위한 배려였다.

그러나 2017년 12월 내각·최고인민회의 기관지 ≪민주조선≫에서는 '우리 국가제일주의'에 대한 '해설'이 3회나 게재되었다.

≪민주조선≫ 2017년 12월 10일 자 '우리 국가제일주의의 본질'이라는 해설기사는 "우리 국가제일주의는 우선 주체조선의 강대성과 우월성에 대한 긍지와 자부심이다. 나라와 민족의 위대성은 령토의 크기나 인구수에 있는것이 아니라 나라와 민족을 이끄는 수령의 위대성에 있다"고 규정했다. 그 위에 "위대한 수령이 위대한 나라를 일떠세운다"면서 "지난날 탁월한 령도자를 모시지 못한탓으로 외래침략자들에게 나라를 통채로 빼앗기고 세계지도에서 빛을 잃었던 우리 조국은 대대로 위대한 수령, 위대한 령도자를 높이 모시여 강대한 나라로 존엄떨치고있다. 수령이 위대하면 작은 나라도 위대한 시대사상의 조국으로, 정치군사강국으로 온 누리에 빛을 뿌릴수 있고 부강조국건설에서 세기적인 기적을 창조할수 있다는것은 우리 인민이 실생활을 통하여 체험한 철리이다. 우리 국가제일주의는 절세의 위인들이신 위대한 수령님들을 주체의 사회주의조선의 영원한 수령으로, 세상에서 제일 위대하신 경애하는 원수님을 우리 국가의 최고수위에 높이 모신 긍지와 자부심"이라고 했다.[4]

두 번째 본질은 "국가사회제도의 공고성과 우월성은 그의 인민적성격에 달려있다"고 했다. "인민대중제일주의를 구현하고있는 우리 나라 사회주의제도는 인민대중이 모든것의 주인으로 되고 모든것이 인민대중을 위하여 복무하는 인민대중중심의 사회주의이다. 우리 당이 제시한 〈모든것을 인민을 위하여, 모든것을 인민대중에게 의거하여!〉라는 구호밑에 인민중시,

---

4 "〈해설〉 우리 국가제일주의의 본질", ≪민주조선≫, 2017.12.10.

인민존중, 인민사랑의 정치가 구현되는 우리 식 사회주의는 우리 인민의 크나큰 자랑"이라며 인민대중제일주의에 의거한 우리 국가제일주의의 우월성을 강조했다.

세 번째 본질은 "나라와 민족의 자주권과 발전권, 생존권은 국력에 의하여 담보된다"고 했다. 미 제국주의를 비롯한 적대세력의 책동에도 불구하고 "우리 공화국은 일심단결과 자력자강, 과학기술의 위력으로 주체의 핵강국, 세계적인 군사강국을 일떠세웠으며 경제강국, 문명강국건설에서도 기적적성과를 이룩하고있다"며 "우리 국가제일주의는 우리 공화국의 무진막강한 국력에 대한 긍지와 자부심"이라고 평가했다.

네 번째 본질은 "우리 국가제일주의는 또한 우리 식 사회주의조국의 존엄과 위상을 더 높이 떨쳐나가려는 각오와 의지"이며 "우리 국가제일주의는 우리 조국을 영원히 위대한 김일성, 김정일조국으로, 영광스러운 김정은조선으로 빛내여나가려는 각오와 의지"라고 했다.

그 위에 "우리 국가제일주의는 사회주의조국의 부강번영을 위하여 자기의 피와 땀, 목숨까지 서슴없이 바치려는 결사의 각오와 의지"라고 설명했다.

요컨대 '우리 국가제일주의'는 ① 위대한 지도자, ② 인민대중제일주의, ③ 핵무기를 가진 강한 국력, ④ 우리식 사회주의를 배경으로 사회주의 강국을 건설하자는 '각오와 의지'의 표현이라고 하는 것 같았다.

≪민주조선≫ 12월 16일 자 '우리 국가제일주의의 사상정신적원천'이라는 제목의 '해설'은 "우리 국가제일주의의 사상정신적원천인 김정일애국주의는 우선 우리 군대와 인민이 최후승리를 앞당기기 위한 오늘의 전민총돌격전에서 영예로운 승리자가 되도록 고무추동하는 소중한 사상정신적량식"이라며 '우리 국가제일주의'의 사상적인 원천은 김정일애국주의에 있다고 했다. "우리 국가제일주의의 사상정신적원천인 김정일애국주의는 또한 일군들과 근로자들을 사회주의강국건설을 위한 영웅적위훈창조에로 힘있

게 떠밀어주는 가장 위력한 추동력"이라고 지적했다.[5]

≪민주조선≫ 2017년 12월 27일 자 '〈해설〉 우리 국가제일주의의 기본요구'는 '우리 국가제일주의'가 요구하는 네 가지 요소를 인민에게 요구했다.[6]

첫째, "위대한 수령님과 위대한 장군님의 부강조국건설사상과 업적을 견결히 옹호고수하고 빛내여나가는것"이라며 선대, 선선대 최고지도자, 즉 김일성 주석, 김정일 총비서의 사상과 실적을 옹호할 것을 요구했다.

둘째, "경애하는 최고령도자동지께서 계시여 사회주의강국건설의 최후승리는 확정적이라는 절대불변의 신념을 지니고 최고령도자동지의 사상과 령도를 충정으로 받들어나가는것"이라면서 김정은에 대한 충성을 요구했다.

셋째, "국가건설과 활동에서 자주의 기치, 자강력제일주의기치를 높이 들고 우리 국가의 우월성과 위력을 더욱 강화하고 온 세상에 힘있게 과시하는것"이라면서 자주와 자강력을 요구했다. 해설은 "조선로동당 제7차대회가 밝힌 국가경제발전 5개년전략수행을 위한 투쟁에 전당, 전국, 전민이 떨쳐나선 지금이야말로 자강력제일주의구호를 더 높이 들어야 할 때"라고 지적했다.

넷째, "국가사회생활의 모든 분야에서 인민대중제일주의를 철저히 구현하여 행복과 기쁨에 넘친 인민 들의 웃음소리가 더 높이 울려퍼지게 하는것"이라며 인민대중제일주의 실천을 요구했다.

해설 기사는 "전체 일군들과 근로자들은 우리 국가제일주의의 기본요구를 깊이 체득하고 실천활동에 철저히 구현함으로써 경애하는 최고령도자동지의 사회주의강국건설구상을 빛나게 실현해나가야 할것"이라고 주장

---

5 "〈해설〉 우리 국가제일주의의 사상정신적원천", ≪민주조선≫, 2017.12.16.

6 "〈해설〉 우리 국가제일주의의 기본요구", ≪민주조선≫, 2017.12.27.

했다. 이 해설 기사는 '우리 국가제일주의'에 요구되는 것은 ① 김일성 주석, 김정일 총비서, 김정은 당 위원장(당시)에 대한 충성, ② 자주, 자강력, ③ 인민대중제일주의라고 했다.

≪민주조선≫에 3회에 걸쳐 게재된 '우리 국가제일주의'라는 것은 ① 김일성 주석, 김정일 총비서, 김정은 당 위원장에 대한 충성, ② 인민대중제일주의, ③ 김정일 애국주의, ④ 핵보유를 실현한 국방력, ⑤ 자주, 자강을 기초로 '사회주의강국'을 건설하는 것을 인민에게 요구하는 것이었다.

이러한 북한 언론의 내용을 보면 공표는 되지 않았으나 김정은이 '우리 국가제일주의'에 대해 내부적인 담화 같은 것을 발표했던 것은 아닐까 하는 가능성을 느끼게 한다. 기묘하게도 ≪로동신문≫에 그런 해설은 나오지 않았다. 해설이 모두 ≪민주조선≫에 나온 것을 생각하면 '우리 국가제일주의'는 '경제건설'에 역점을 두고 앞서 언급한 요소를 바탕으로 경제건설에 매진할 것을 요구한 것이라고 추론한다.

흥미로운 것은 '우리 국가제일주의'라는 개념이 2017년 11월에 제시되었음에도 불구하고 2018년에는 산발적으로 '우리 국가제일주의'가 논의되고 2019년 신정의 '신년사' 이후 본격적으로 전개되었다는 것이다. 왜 2018년에 본격적인 전개를 하지 않고, 2019년 이후가 된 것일까? 이는 북한의 2018년의 외교 노선 전환, 즉 북미, 북중, 남북 정상회담이라는 일련의 정상회담을 정력적으로 전개하는 가운데 '우리 국가'의 위치와 관련해 여러 가지 가능성을 생각한 것이 아닐까 생각한다.

2018년 ≪로동신문≫ 기사 10건에 '우리 국가제일주의'가 등장했고, ≪민주조선≫에는 5건의 기사에 등장했다.

'전략국가'라는 자기평가의 등장

김정은 당위원장은 2017년 12월 21일 조선노동당 제5차 세포위원장대회 '개회사'에서 "최근 우리 공화국핵무력의 급속한 발전은 세계정치구도와 전략적환경에 큰 영향을 미치고있다고 하시면서 조선반도정세와 우리를 둘러싼 제반 국제정치정세를 통보하시고 미국에 실제적인 핵위협을 가할 수 있는 전략국가로 급부상한 우리 공화국의 실체를 이 세상 그 누구도 부정할수 없게 되였다"고 강조했다.[7]

북한은 2017년 11월 29일 신형 ICBM '화성 15'의 발사 실험에 성공했고, 김정은 당 위원장은 국가핵무력 완성을 선언했다. 김정은 당 위원장은 미국을 공격할 수 있는 ICBM을 보유함으로써 (북한이 ICBM 대기권 재돌입 기술을 획득했는지는 알 수 없지만) 미국에 실제적인 핵위협을 가할 수 있는 '전략국가'가 되었다고 자기평가를 했다.

나아가 김정은 당 위원장은 2018년 '신년사'에서도 "올해에 우리는 영광스러운 조선민주주의인민공화국창건 일흔돐을 맞이하게 됩니다. 위대한 수령님과 위대한 장군님의 최대의 애국유산인 사회주의 우리 국가를 세계가 공인하는 전략국가의 지위에 당당히 올려세운 위대한 인민이 자기 국가의 창건 일흔돐을 성대히 기념하게 되는것은 참으로 의의깊은 일"이라고 말해 북한이 '전략국가'라는 '당당한 지위'에 도달했다고 자평했다.[8]

북한은 2018년부터 대화 노선으로 돌아서 적극적인 정상외교를 벌였지만, 그 배경에는 김정은 당 위원장이 '전략국가'라는 자국인식을 가지고 있

---

7 "조선로동당 위원장 김정은동지께서 조선로동당 제5차 세포위원장대회에서 개회사를 하시였다", ≪로동신문≫, 2017.12.22.

8 ≪로동신문≫, 2018.1.1.

었던 것이 큰 영향을 미쳤던 것으로 보인다.

이것은 '우리 국가제일주의'라는 김정은 시대의 이념형성에도 큰 영향을 준 것으로 보였다.

'우리 국가제일주의'와 '우리 민족제일주의'

'우리 민족제일주의'는 김정일 총비서가 제창한 것으로 김정일 총비서는 1986년 7월 15일 조선노동당 중앙위원회 간부와의 담화 '주체사상교양에서 제기되는 몇가지 문제에 대하여'에서 '우리 민족제일주의'를 언급해 정식화되었다. 1980년대 후반 사회주의국가의 개혁개방 등의 움직임이 진행되는 가운데 북한이 그러한 나라들과는 다른 존재라는 것을 강조하는 가운데 제창된 이념이었다.

김정일 총비서는 "혁명이 나라와 민족을 단위로 하여 진행되고 있는 조건에서 매개 나라의 혁명과 건설에서 주체는 어디까지나 그 나라의 인민입니다. 세계혁명 앞에 우리 당과 인민이 지닌 첫째가는 임무는 혁명의 민족적임무인 조선혁명을 잘 하는 것입니다. 자기나라 혁명에 충실하자면 무엇보다도 자기 민족을 사랑하고 귀중히 여길줄 알아야 합니다"라고 하고 "나는 이런 의미에서 우리 민족제일주의를 주장합니다"라고 말했다.

나아가 "우리 민족이 제일이라고 하는 것은, 결코 다른 민족을 깔보고 자기민족의 우월성만 내세우라는 것이 아닙니다. 우리, 공산주의자들이 민족주의자로 될 수는 없습니다. 공산주의자들은 참다운 애국주의자인 동시에 참다운 국제주의자입니다. 내가 우리 민족제일주의를 주장하는 것은 자기민족을 가장 귀중히 여기는 정신과 높은 민족적 자부심을 가지고 혁명과 건설을 자주적으로 해나가야 한다는 것입니다. 자기민족을 깔보고 남을 맹목적으로 숭배하는 사람은 자기당과 인민에게 충실할 수 없으며 자기 나라 혁명에 대하여 주인다운 태도를 가질 수 없습니다"라고 지적했다.

중국에서는 1984년 10월 국가의 통제를 완화해 도시의 경제자유화를 추진하는 '경제체제개혁에 관한 결정'이 내려져 국유기업의 이윤상납제를 납세제로 전환했다. 1985년 2월에는 연안 지역 주요 도시를 외국자본에 개방하고 경제기술개발구 건설을 결정하는 등 개혁개방이 추진되었다.

소련에서는 고르바초프가 소련 공산당 서기장에 취임해 페레스트로이카를 제창하기 시작했다.

그런 가운데 김정일 총비서는 '우리 민족제일주의'를 제창함으로써 다른 사회주의국가와는 다른 북한의 특이성을 부각함으로써 개혁개방의 길을 걷는 다른 사회주의국가와의 차이를 주장했다.

김정일 총비서는 1989년 12월 28일 조선노동당 중앙위원회의 책임 일군들 앞에서 한 연설 '조선민족 제일주의 정신을 높이 발양시키자'에서 '우리 민족제일주의'를 전면적으로 전개했다. 여기서 김정일은 '우리 민족제일주의'의 근거로 위대한 수령, 위대한 당의 영도, 위대한 주체사상, 우월한 사회주의 사상 등을 들었다.

이 연설은 "오늘 우리 민족이 제일이라는 긍지가운데서도 가장 큰 긍지는 수령, 당, 대중의 일심단결을 확고히 실현한것"이라고 지적했다. 또한 "우리가 조선민족제일주의를 내세우는 목적은 단순히 우리 민족에 대한 긍지와 자부심을 가지도록 하자는데만 있는것이 아니라 자체의 힘으로 사회주의건설을 더 잘하여 민족의 존엄과 영예를 더욱 높이 떨치도록 하자는데 있습니다"라고 했다.

이렇게 보면 '우리 민족제일주의'와 '우리 국가제일주의'는 겹치는 부분도 있지만, 차이도 있다. 겹치는 부분으로는 '위대한 수령', '위대한 당의 영도', '위대한 주체사상', '우월한 사회주의 사상', '자력자강, 자력갱생' 등이며, 이것들이 공통의 기반이다. 북한이 냉전 붕괴 후의 사회주의국가들의 붕괴나 변질에도 불구하고 그러한 북한이 가지는 독자적인 요인이야말로 '우리 민족제일주의'에서도 '우리 국가제일주의'에서도 기반이 되고 있다.

다른 부분은 '우리 민족제일주의'는 많은 사회주의국가에서 볼 수 있었던 개혁개방 노선으로의 전락(轉落)이나 체제 붕괴를 저지하기 위한 민족적 자각의 고양이라는 방어적 입장에서 출발했다. 그러나 '우리 국가제일주의'에는 경제건설과 국가핵무력의 완성이라는 국내적인 성과를 발전시키려는 내재적인 요인이 있었다. 그리고 김정은이 2019년 1월에 '우리 국가제일주의'를 정식화한 배경에는 미국 등과 대등하게 정상회담을 했다는 외교적 성과를 포함한 공세적 측면이 모멘텀이 된 것 같다. 나아가 이 둘 사이에 존재하는 것은 '민족'과 '국가'의 차이이며, '우리 민족제일주의'는 한국을 포함한 한반도 전체를 시야에 넣은 요소가 있는데, '우리 국가제일주의'에는 한반도 북반부에서 사회주의 강국을 건설하려는 이념이 우세하다.

김정일 총비서는 1989년 12월 연설 마지막 부분에서는 "우리 인민은 공화국 북반부에 우리 식의 가장 우월하고 힘이 있는 사회주의를 일떠세워 민족 제일의 영예를 떨치고있지만 나라의 분렬로 인한 민족의 비극은 의연히 지속되고 있습니다"라며 "우리는 전국적 판도에서 조선민족의 영예를 높이 떨쳐야한다는 민족적 사명감을 깊이 자각하고 조국통일을 위하여 몸과 마음을 다 바쳐 투쟁하여야 하겠습니다"라고 말했다. 나아가 "남조선인민들의 투쟁을 힘있게 고무하고 1990년대에 조국통일의 역사적 위업을 반드시 성취하여야 합니다"라고까지 말해 남북통일에 대한 강한 의지를 보였다.

2000년 6월 김정일 총비서와 김대중 대통령의 첫 남북정상회담에서 합의한 '6·15공동선언' 제1항에서 "남과 북은 나라의 통일 문제를 그 주인인 우리민족끼리 서로 힘을 합쳐 자주적으로 해결해 나가기로 하였다"고 한 것을 받아 북한은 '우리민족끼리'라는 말을 구호화했다. '우리민족끼리'라는 말에 대해 한국 측은 남북 협력에 역점을 두었지만, 북한 측은 외세를 배제한 자주의 입장에 역점을 두었다. '우리 민족제일주의'와 '우리민족끼리'도 겹치는 부분은 있으나 '우리 민족제일주의'는 북한의 '위대한 수령', '위대한 당의 영도', '위대한 주체사상', '우월한 사회주의사상', '자력자강, 자력갱생' 등을 강조한 개념이지만, '우리민족끼리'는 외세를 배제한 남북 자주노선에 기초한 남북 관계의 기조를 의미하는 개념이다.

'우리 민족제일주의'를 승화·발전시킨 '우리 국가제일주의'와 '덮어쓰기'

북한 내부에서도 김정일 총비서가 내걸었던 '우리 민족제일주의'와 김정은 당위원장이 내건 '우리 국가제일주의'의 관계를 정리할 필요가 있었다.

《민주조선》은 2019년 3월 26일 '우리 국가제일주의는 조선민족제일주의의 승화발전'이라는 제목의 기사를 게재했다. 이 기사에서 김정은 당위원장이 "〈우리 국가제일주의는 조선민족제일주의정신으로 우리 식 사회주의를 고수하고 빛내이기 위한 줄기찬 투쟁속에서 승화발전된것입니다〉"라고 말했다고 했다.[9]

이 기사는 "우리 인민이 인민대중중심의 사회주의를 옹호고수하고 빛내여온 력사는 조선민족제일주의정신으로 공화국의 불패의 위용을 남김없이 과시해온 나날이였다. 우리 수령, 우리 당이 제일이며 우리 사상, 우리 제도가 제일이라는 크나큰 민족적긍지와 자부심은 우리 인민이 주체의 사회주의위업은 반드시 승리한다는 신념과 배짱을 지닐수 있게 한 사상정신적원

---

9 "우리 국가제일주의는 조선민족제일주의의 승화발전", 《민주조선》, 2019.3.26.

천이였다"라며 '조선민족제일주의'의 의의를 강조했다. 기사는 "세계 여러 나라에서 사회주의가 좌절된것을 기화로 제국주의자들의 반공화국고립압살책동이 극도에 달하였지만 우리 인민은 자기가 선택한 사회주의길에서 한걸음도 물러서지 않았다"고 말했다. 또한, 기사는 "우리 국가제일주의는 전체 인민이 조선민족의 위대성을 더욱 빛내여나가려는 높은 자각과 의지를 가지고 투쟁하는 과정에 간직하게 된 사상감정"이라고 지적했다.

그 위에 "민족적자존심을 가지는것도 중요하지만 자기 운명을 자주적으로 개척해나가려는 자각과 의지를 가지는것이 더 중요하다. 민족의 존엄과 영예를 지니는것도 쉬운 일이 아니지만 그것을 고수하고 빛내여나가는것은 그보다 더 어려운 일"이라고 설명했다.

"우리 인민이 민족의 존엄과 영예를 빛내이려는 결사의 각오를 안고 투쟁하는 과정에 이룩한 괄목할 성과들은 우리 국가제일주의를 들고나갈수 있는 바탕으로 된다"면서 "오늘 인민들의 정신력과 창조적열의를 비상히 분발승화시키고 사회주의의 전진비약을 촉진시키는데서 우리 국가제일주의는 위력한 정치사상적무기로 된다"라고 지적했다. 즉, 다른 사회주의국가가 사회주의를 버려가는 가운데 북한은 '조선민족(우리민족)제일주의'를 내세워 사회주의와 스스로의 존엄을 지켰지만, 그것을 더욱 공격적으로 빛나게 하는 것이 '우리 국가제일주의'라고 했다.

이것은 '우리 민족제일주의'를 부정하는 것이 아니라 그 역할을 평가한 후, 말하자면 방어전에서 길러낸 '우리 민족제일주의'를 공격전을 위해 '우리 국가제일주의'로 '덮어쓰기' 했다고 할 수 있다.

김정은 당 위원장이 2019년 1월 '신년사'에서 '우리 국가제일주의'를 정식화하고 같은 해 3월 "우리 국가제일주의는 우리 민족제일주의를 승화발전시킨 것"이라고 하면서 '우리 국가제일주의'는 '인민대중제일주의'와 함께 김정은 시대의 지도이념을 지탱하는 큰 지주적 역할을 담당하게 되었다.

제9장

제8차 당대회와 당규약 개정

제8차 당대회에서 김정은은 '당 총비서'로

조선노동당은 2021년 1월 5일부터 12일까지 8일 동안 제8차 당대회를 개최했다. 북한은 그동안 김일성 주석을 '영원한 국가주석', 김정일 총비서를 '영원한 총비서'로 삼고 김정은은 두 사람의 직책이었던 당 총비서 자리에 앉지 못하고 2012년 4월 제4차 당대표자회에서 '당 제1비서', 2016년 5월 제7차 당대회에서 '당 위원장'에 취임했다.

그러나 조선노동당은 제8차 당대회에서 당규약을 개정하고 당 정무국을 당 비서국으로 되돌리고 당 총비서 직책을 부활하며 김정은이 아버지와 할아버지처럼 '당 총비서'에 취임했다.

당대회에서 김정은을 총비서로 추대한 '추대사'는 "혁명하는 당에 있어서 당의 수반은 전당의 조직적의사를 체현하고 대표하는 혁명의 최고뇌수, 령도의 중심, 단결의 중심으로서 수령의 지위를 차지하며 인민대중의 혁명위업, 사회주의위업수행에서 결정적역할을 합니다"라고 지적했다. 당의 수반,

즉 당 총비서는 '수령의 지위'를 차지한다면서 김정은은 그 자리에 앉았다.[1]

당규약 개정

북한은 제8차 당대회 시점에서는 당규약 개정의 일부만 발표했지만, 한국 정부가 개정된 규약을 입수, 한국 언론이 2021년 6월에 이것을 보도하면서 그 내용이 알려지게 되었다.

2016년 5월 제7차 당대회에서 개정된 구 규약의 '서문' 부분은 1행을 40자로 치면 약 100행을 차지했다. 그중 김일성 주석과 김정일 총비서의 실적을 칭찬한 부분은 약 30행을 차지했었지만, 제8차 당대회에서 개정해 그 대부분을 삭제하고 "조선로동당은 위대한 수령들을 영원히 높이 모시고 수반을 중심으로 하여 조직사상적으로 공고하게 결합된 로동계급과 근로인민대중의 핵심부대, 전위부대"라고 간소하게 기술되었다. '김일성-김정일주의'라는 용어를 제외하고 선대, 선선대 최고지도자의 고유명사와 그 혁명업적을 삭제했다. 동시에 '김정은'이라는 고유명사도 삭제하는 대신 17곳에 걸쳐 '당중앙'이라는 말이 등장했다.

김일성 주석과 김정일 총비서의 고유명사나 실적 삭제는 김정은 정권이 선대나 선선대의 '권위'를 빌리지 않아도 정권 운영을 할 수 있다는 자신감의 표현이다. 김정은 정권의 '홀로서기'를 말하는 것이며, 한편으로 조선노동당을 김정은 '사당화'하는 것이라고도 말할 수 있었다.

---

1 《로동신문》, 2021.1.11.

'민족해방' 노선의 삭제

구 규약은 서문에서 "조선로동당의 당면목적은 공화국북반부에서 사회주의강성국가를 건설하며 전국적 범위에서 민족해방 민주주의혁명의 과업을 수행하는데 있으며 최종목적은 온 사회를 김일성-김정일주의화하여 인민대중의 자주성을 완전히 실현하는데 있다"고 했다. 이것이 "조선로동당의 당면목적은 공화국북반부에서 부강하고 문명한 사회주의사회를 건설하며 전국적 범위에서 사회의 자주적이며 민주주의적인 발전을 실현하는데 있으며 최종목적은 인민의 리상이 완전히 실현된 공산주의사회를 건설하는데 있다"고 개정되었다.

'전국적인 범위에서'라는 말 뒤의 기술은 한국에 대한 대응을 말하는 문구인데, 한국에 대한 대응을 "민족해방민주주의혁명의 과업을 수행한다"에서 "사회의 자주적이며 민주주의적인 발전을 실현한다"로 바꿨다. 북한의 『조선대백과사전』(간략판, 2004년)에 따르면, '민족해방혁명'을 "민족적 예속에서 벗어나 민족의 자주권을 되찾기 위한 혁명"이라고 설명하며 "승리를 위해서는 혁명의 주체를 강화하여 무장투쟁을 기본투쟁형태로 하면서 여기에 전인민적 항쟁을 배합하여야 한다"고 설명한다. 즉, 구 규약에 있는 '민족해방민주주의혁명'이란 무력투쟁을 기본으로 전 인민적인 항쟁으로 남조선을 미 제국주의의 예속상태에서 해방하고 '인민민주주의정권'을 수립하는 것을 조선노동당의 '당면 목표'로 삼았다.

개정 규약에 있는 "사회의 자주적이고 민주주의적인 발전을 실현한다"라는 표현은 말을 부드럽게 한 것일 뿐이고 '자주적으로'라는 말에는 본질에 있어서 민족해방노선과 변함없는 의미를 내포한다고 하는 주장이 있지만, 그것은 북한의 노선을 너무 고정적인 것으로 보는 견해이며 '민족해방'이 삭제된 것은 나름의 의미를 읽어야 한다.

북한이 1980년 제6차 당대회에서 '고려민주연방공화국'을 제창함으로써 북한은 한국전쟁 같은 무력에 의한 적화통일 노선을 포기했다는 견해도 있지만, 주목해야 할 것은 북한은 '고려민주연방공화국'을 제창하면서도 제6차 당대회에서 개정한 당규약에서는 "전국적 범위에서 민족해방민주주의 혁명의 과업을 수행하는데 있으며 최종목적은 온 사회를 김일성-김정일주의화하여 인민대중의 자주성을 완전히 실현하는데 있다"면서 '민족해방' 노선을 포기하지 않은 것이다.

한국의 보수세력은 북한이 한국에 유화적인 태도를 보여도 당규약에 '민족해방' 노선이 존속하는 한 대남 적화노선에 변함이 없다고 주장해 왔다. 그것을 북한이 스스로 삭제한 것에는 의미가 있을 것이다. 나아가 이번에는 제4조 '당원의 의무' 제5항에 있던 "조국통일을 앞당기기 위하여 적극 투쟁하여야 한다"는 문장도 삭제했다.

이것이 2010년 연평도 포격 사건이나 각종 테러 행위 등의 포기로 연동하는 노선전환인지 아닌지는 앞으로 추이를 더 지켜봐야 할 것이다.

북한은 1991년 유엔에 남북이 동시 가입을 했을 때부터 사실상 '하나의 조선'을 포기하고 '두 개의 조선' 정책을 용인했다. 그러나 당규약에는 민족해방노선, 적화통일노선은 남겨두고 있었다. 그러나 3대째 최고지도자인 김정은 당 총비서는 '분단'을 당연한 것으로 받아들이며 태어난 세대다. 한국전쟁의 경험도 없다. 오히려 남북의 경제 격차가 확대되는 가운데 한반도의 현실은 북한에 의한 '적화통일'보다는 경제력이 우월한 한국에 의한 '흡수통일' 가능성이 커졌다고 할 수 있다.

그런 상황에서 북한은 2018년 말경부터 '우리 국가제일주의'를 강조하기 시작했고, 김정은 자신도 2019년 '신년사'에서 '우리 국가제일주의'를 제창했다. 이 생각은 북한이라는 국가를 제1로 하는 생각인 이상 '통일 조선'에 대한 지향은 후퇴할 수밖에 없는 측면을 가지고 있다. 이는 아버지 김정일 총비서가 '민족해방' 노선을 내포한 '우리 민족제일주의'를 제창한 것과는 다른 생각이다. 북한은 스스로 '우리 국가제일주의'는 '우리 민족제일주의'를 발전시킨 것이라고 주장하지만 필자는 그 내포하는 지향에는 큰 차이가 있다고 생각한다.

북한이 당규약에서 '민족해방' 노선을 삭제한 것은 단순히 규약상의 문제에 그치지 않고 북한이 '두 개의 조선'을 받아들이는 전환점이 될 수 있음을 시사하고 있는 것처럼 보인다.

당규약의 '통일전선'에 관한 부분에서 "조선로동당은 전조선의 애국적민주력량과의 통일전선을 강화하며 해외동포들의 민주주의적 민족권리와 리익을 옹호보장하고 그들을 애국애족의 기치아래 굳게 묶어세우며 민족적 자존심과 애국적 열의를 불러일으켜 조국의 통일발전과 륭성번영을 위한 길에 적극 나서도록 한다"라는 문구가 새롭게 삽입되었다.

최고인민회의 상임위원회 전원회의가 2021년 12월 14일에 열렸으며, 2022년 2월 6일 최고인민회의 제8기 제6차 회의를 개최하기로 결정했다. 이 최고인민회의는 2월 6일과 7일 이틀 동안 평양에서 개최되어 '해외동포 권익옹호법'이 채택됐다. 제8차 당대회에서 당규약 개정으로 '해외동포의 민주주의적 민족권리와 이익을 옹호보증'하는 것을 명기한 것에 따라 재외동포에 대한 지원과 북한 국내의 귀국동포에 대한 대우를 검토할 가능성도 있다. 김정은의 어머니인 고용희가 귀국 동포라는 점을 생각하면 북한이 해외동포에 대한 대응을 강화할 가능성이 있을 것이다.

또한, 구 규약에서는 "조선로동당은 남조선에서 미제의 침략무력을 몰아내고 온갖 외세의 지배와 간섭을 끝장내며 일본군국주의와 재침책동을 짓부시며 사회의 민주화와 생존의 권리를 위한 남조선인민들의 투쟁을 적극 지지 성원하며 우리민족끼리 힘을 합쳐 자주, 평화, 통일, 민족대단결의 원칙에서 조국을 통일하고 나라와 민족의 통일적 발전을 이룩하기 위하여 투쟁한다"라고 했지만, "조선로동당은 남조선에서 미제의 침략무력을 철거시키고 남조선에 대한 미국의 정치군사적 지배를 종국적으로 청산하며 온갖 외세의 간섭을 철저히 배격하고 강력한 국방력으로 근원적인 군사적 위협들을 제압하여 조선반도의 안전과 평화적 환경을 수호하며 민족자주의 기치, 민족대단결의 기치를 높이 들고 조국의 평화통일을 앞당기고 민족의 공동번영을 이룩하기 위하여 투쟁한다"라고 개정했다.

주목해야 할 것은 첫째, "일본군국주의의 재침략책동을 분쇄해"라는 문구가 삭제된 것이다. 둘째, "강력한 국방력으로 근원적인 군사적 위협을 제압하고"라고 해 북한의 핵·미사일 등 '강력한 국방력'으로 미국 등의 군사적 위협을 '제압'한다고 표명한 것이다. 셋째, "민족의 공동번영을 이루기 위해 투쟁한다"는 것의 의미가 '조국통일' 전(前) 단계로서의 '민족공동번영'의 과정을 둔 것처럼 읽을 수도 있다는 점이 주목된다. '민족의 공동번영'이라는 말에는 '통일조선의 번영'이라기보다는 '남과 북이 각각 번영한다'는 뉘앙스가 강하다. 북한이 통일로 향하는 과정으로 '민족의 공동번영'이라는 단계를 거치는 것을 고려하고 있다면 흥미로운 아이디어이지만, 이것만으로는 아직 진의를 파악하기에 충분하지 않다.

그렇지만 이것 또한 김정은 정권이 당분간은 '두 개의 조선'이라는 현실을 받아들이는 시그널로도 보이는 것은 주목해야 할 것이다.

'당중앙'의 등장

개정된 당규약에는 17곳에 걸쳐 '당중앙'이라는 용어가 등장했지만, 이때 '당중앙'이라는 단어가 사용된 데에는 두 가지 패턴이 있다. 첫 번째는 지금까지 '당'이었던 것이 '당중앙'으로 바뀐 경우다. 17곳의 '당중앙' 기술중 12곳은 '당'을 '당중앙'으로 바꿔놓은 것이며, 이것은 김정은 당 총비서에 의한 '사당화'라고 말할 수밖에 없다.

≪로동신문≫은 2020년 6월 18일 자 1면에서 '〈빛나는 시대어〉 당중앙 결사옹위정신'이라는 용어 해설기사를 게재했다. 기사는 "당중앙결사옹위 정신, 이는 경애하는 최고령도자동지의 신변안전과 권위, 사상과 업적을 목숨바쳐 견결히 옹위해나가는 우리 인민의 정신을 반영한 시대어"라고 지적하고, '당중앙'이란 것이 최고영도자 김정은이라는 것을 분명하게 했다.[2]

조선노동당원을 규정한 제1조는 "조선로동당원은 경애하는 김정은동지의 령도따라 김일성동지와 김정일동지께서 개척하시고 이끌어오신 주체혁명위업, 사회주의위업의 승리를 위하여 모든 것을 다 바쳐 투쟁하는 주체형의 혁명가"라고 되어 있다. 이것이 개정 후 규약에는 "조선로동당원은 수령의 혁명사상으로 철저히 무장하고 당조직규률에 충직하며 당중앙의 령도따라 우리 식 사회주의위업의 새로운 승리, 주체혁명위업의 종국적승리를 위하여 한몸 다 바쳐 투쟁하는 주체형의 혁명가"로 바뀌었다. 여기서 '수령의 혁명사상'이라는 말이 등장한 것에 주목해야 한다. 즉, 당원이란 '수령(김정은 총비서)의 혁명사상'으로 철저히 무장하고 한 몸 다 바쳐 투쟁하는 주체형 혁명가라고 한 것이다.

조선노동당원이란 구 규약에서는 김일성 주석이나 김정일 총비서가 만들어 온 '위업'에 모든 것을 바치게 되었으나 개정규약에서는 수령(김정은 당 총비서)의 혁명사상으로 무장해 당중앙(김정은 당 총비서)의 영도에 따라 '우리식 사회주의위업'과 '주체혁명위업'의 승리를 위해 모두를 바치는 혁명가라고 규정했다. 선대나 선선대로부터의 계승보다는 현재의 최고지도

---

2 "〈빛나는 시대어〉 당중앙결사옹위정신", ≪로동신문≫, 2020.6.18.

자의 '위업'에 모든 것을 바치려고 한 것이다. 또 '당중앙'이 '수령'과 거의 같은 의미를 지닌 말이 되고 있음을 보여주었다.

또한, 규율 위반 당원에 대한 처분을 규정한 제7조, 도·시·군의 당 위원회에 관한 규정인 제35조, 기층 당조직을 규정한 제45조, 인민군 내의 각급 당조직에 대해 규정한 제49조에서는 '당의 유일적 령도'로 되어 있었지만, 이것이 '당중앙의 유일적 령도'로 개정되었다.

권한이 강화된 당중앙검사위원에 관한 규정인 제31조에서도 "당중앙의 유일적 령도실현에 저해를 주는 당규률 위반행위들을 감독조사"한다면서 '당중앙의 유일적 령도'가 명기되어 있다.

두 번째 패턴은 '김정은동지'라는 고유명사를 '당중앙'이라는 표현으로 바꾼 것이다. 이런 경우는 17곳 중 5곳이었다. 이는 '김정은동지'에 대한 충성이라는 표현은 개인숭배의 색채를 강화하지만, '당중앙'에 대한 충성이라는 표현으로 하면 그것은 제도화된 최고지도자에 대한 충성이라는 이미지로 전환하는 것이 가능하다. 개인숭배라는 색채를 엷게 하고(실체적으로는 개인숭배이지만), 어떤 의미에서 제도화된 표현으로 전환했다. 그러나 현시점에서는 그럴 가능성은 없지만, 최고지도자가 김정은에서 다른 인물로 바뀐 경우에는 리스크가 있는 표현이기도 하다. 하지만 그래도 '김정은동지'를 '당중앙'으로 바꾼 것은 그만큼 정권장악에 대한 자신감을 보여준다고 할 수 있다.

구 규약 제4조에서 '당원의 의무'에 대해 규정하고 있는데, "당원은 위대한 김일성동지와 김정일동지를 영원한 주체의 태양으로 높이 모시고 경애하는 김정은동지의 령도를 충정으로 받들어 나가야 한다"고 되어 있었다. 하지만 개정 규약에서는 "당원은 당중앙의 령도에 끝없이 충실하여야 한다. 당원은 수령에 대한 충실성을 혁명적신념과 의리로 간직하고 당중앙을 견결히 옹위하며 당의 로선과 정책을 무조건 접수하고 철저히 관철하며 당

앞에 무한히 성실하고 말과 행동이 일치되여야 한다"고 규정했다. 김일성 주석과 김정일 총비서에 대한 언급은 삭제되었고 '경애하는 김정은동지'는 '당중앙'으로 바뀌었다. 이미 당규약 개정 단계에서 김정은 당비서를 '수령'으로 하는 것이 기정사실이 되어 있었던 것도 알 수 있다.

이번 규약 개정에서는 김일성 주석과 김정일 총비서 관련 고유명사를 삭제하고 '김정은동지'라는 고유명사도 삭제했으나 '당중앙'이라는 말로 바꿨다. 북한은 '일반적인 사회주의국가'를 지향하고 있으며, 그런 의미에서 내용적으로는 김정은 당 총비서의 개인독재를 강화하면서도 용어 면에서는 일반 사회주의국가의 당규약 스타일로 바꿨다고 할 수 있다.

이번 규약 개정은 조직으로서의 조선노동당의 영도가 최고지도자인 김정은 당 총비서의 영도로 대체되어 김정은 당 총비서의 권한, 권위 강화가 진행되어 김정은 당 총비서에 의한 유일적 영도체계(개인독재)가 더욱 강화되었다고 할 수 있다.

또한, 구 규약 제24조에서는 "조선로동당 위원장은 당의 최고령도자이다. 조선로동당 위원장은 당을 대표하며 전당을 령도한다"라고 되어 있던 것을 "조선로동당의 수반은 조선로동당 총비서이다. 조선로동당 총비서는 당을 대표하며 전당을 조직 령도한다"고 개정했다. '전당을 조직'이라는 문구가 삽입되어 당 총비서 권한은 더욱 강화되었다. 동시에 "조선노동당 위원장은 당중앙군사위원장으로 된다"는 조항은 삭제되었으나 개정규약 제30조에 "조선노동당 총비서는 당중앙군사위원회 위원장으로 된다"는 조항이 새롭게 삽입되어 당 총비서가 당중앙군사위원회 위원장을 겸무하는 것 자체에 변화는 없었다.

'당 제1비서' 직책 설치

또한, 당중앙위원회 전원회의를 규정한 제26조를 "당중앙위원회 전원회의는 해당 시기 당앞에 나서는 중요한 문제들을 토의결정하며 당중앙위원회 정치국과 정치국 상무위원회를 선거하며 당중앙위원회 제1비서, 비서들을 선거하고 비서국을 조직하며 당중앙군사위원회를 조직하고 당중앙검사위원회를 선거한다"라고 개정해 그동안 없었던 '당 제1비서' 직책을 신설했다.

나아가 같은 조에서 당중앙위 전원회의는 "당중앙위원회에 부서(비상설 기구 포함)를 내오며 필요한 경우 당규약을 수정하고 집행하며 당대회에 제기하여 승인을 받는다. 당중앙위원회 제1비서는 조선로동당 총비서의 대리인이다"라는 조항을 추가했다. 여기서 최대관심사는 신설한 '당 제1비서'를 '당 총비서 대리인'으로 당규약에서 명기한 것이다.

북한에서는 국가기관으로서의 국무위원회에는 제1 부위원장이라는 직책이 있어 최룡해 당정치국 상무위원이 맡고 있다. 군을 지도하는 당 중앙군사위원회에는 부위원장 직책이 있으며 리병철 당정치국 상무위원이 맡고 있다(규약 개정 후인 6월 29일 개최된 조선노동당 제8기 제2차 정치국 확대회의에서 리병철이 처분을 받아 당 중앙군사위 부위원장에서 해임됨). 그런 의미에서 당에도 당 총비서를 보좌하는 포스트를 신설해도 그 자체는 있을 수있는 일이다. 그러나 당규약에 일부러 '대리인'이라고 명기한 경우, 당 제1비서는 '넘버 2'라는 직책의 의미를 가지며 이는 '후계자'라는 의미조차 갖게 한다.

그렇지만 여기서 말하는 '대리인'의 개념은 명확하지 않고 애매하다. 최고 권력자와 같은 권력을 부여받은 존재인지, 최고지도자가 외유나 와병 중일 때 사무적인 권한을 대행하는 존재인지 명확하지 않다.

김정은 당 총비서가 권력을 장악하고 약 10년의 세월이 흘렀지만, 지난 10년의 가장 큰 특징은 김정은에 의한 '유일적 영도체계 확립'이라 불리는 1인 독재 체제의 강화였다. 이번 당규약 개정에서도 통치방식에 대해 "조선로동당은 당중앙의 유일적 령도체계 확립을 중핵으로 내세우고 전당을 김일성-김정일주의로 일색화하며 수반을 중심으로 하는 전당의 통일단결을 백방으로 강화하고 당중앙의 령도 밑에 조직규률에 따라 하나와 같이 움직이는 엄격한 혁명적제도와 질서를 세운다"고 되어 있다.

미래의 질병 등에 대비한 리스크 관리 때문일지도 모르지만, 권력의 이원화를 초래할 수 있는 직책을 왜 만들었는지, 그 의도는 불분명하다. 또 하나 생각할 수 있는 것은 친여동생 김여정을 미래의 어느 시기 이 직책에 기용할 것을 생각하고 있을 가능성이다. 김정은에게 친여동생 김여정은 틀림없이 '대리인'이다. 필자는 김여정은 김정은 당 총비서의 '아바타'(분신)라고 생각해 왔지만, 김여정이라면 '대리인'으로 적격일 것이다. 김정은 당 총비서를 배반할 가능성은 없고 일심동체이기 때문이다.

그러나 김여정은 2021년 1월 제8차 당대회에서 당 정치국원 후보로도 선출되지 않아 당 정치국에서 제외되었다. 당대회 종료 후인 1월 13일 '당 부부장' 명의로 대남 문제 관련 '담화'를 발표했는데, 그 이전 담화에서는 '당 제1부부장' 명의가 사용되었기 때문에 김여정이 강등되었다는 것이 밝혀졌다. 개정된 당규약에서는 당 제1비서는 당중앙위 전원회의에서 선출된다. 직책은 창설했지만, 북한 언론은 한 번도 이 직책을 보도하지 않았다.

이러한 점들에서 유추할 수 있는 것은 리스크 관리를 위해 만든 직책일 가능성이다. 장래 김정은이 건강악화로 장기간 업무집행이 어려워질 경우라든가 정상회담 등으로 장기간 나라 밖에 있는 경우 '대리인'으로서 '제1비서'를 둘 수 있다는 생각이다. 그럴 가능성은 배제할 수 없지만, 당분간은 공석이 계속될 가능성이 크다고 생각한다.

'선군'에서 '인민대중제일주의'로

또한, "조선로동당은 선군정치를 사회주의기본정치방식으로 확립하고 선군의 기치밑에 혁명과 건설을 령도한다"는 규정을 "조선로동당은 인민대중제일주의정치를 사회주의 기본정치방식으로 한다"고 개정해 기본정치방식을 '선군정치'에서 '인민대중제일주의'로 변경했다.

김정은 정권은 2016년 6월 최고인민회의 제13기 제4차 회의에서 선군정치의 중심기관이었던 국방위원회를 국무위원회로 개편함으로써 선군정치를 사실상 종결시켰으면서도 당규약에서는 선군정치를 기본정치방식으로 하는 조항을 삭제하지 않고 남겼다. 그러나 제8차 당대회에서 규약을 개정해 '선군'이라는 용어는 아예 사라져 과거의 것이 되었다. 이는 김정은 정권이 선군정치를 '고난의 행군'과 같은 비상시의 정치방식으로 '역사화'한 것을 의미할 것이다. 그 대신 '인민대중제일주의'를 기본정치방식으로 당규약에 명기함으로써 김정은 정권의 정치방식의 핵심 이념이라는 것임을 명확히 했다.

김정은은 2013년 1월 조선노동당 제4차 세포비서대회에서 '김일성-김정일주의는 본질에서 인민대중제일주의'라는 종자를 제시했지만, 그 후 8년이란 세월을 들여 비로소 '인민대중제일주의'가 김정은 시대의 핵심적인 지도이념이라는 것을 제도화했다.

당대회의 '5년마다 개최'와 '당기관결정주의'

규약 개정을 통해 당대회를 '5년에 1번' 개최하고 당중앙위원회가 '수개월 전'에 당대회 소집을 발표한다고 규정했다. 구 규약에서는 6개월 전에 발표하기로 되었지만, 이것을 '수개월 전'으로 수정했다. 당대회를 5년마다 개최하는 정례화는 북한의 향후 정치적 행보가 5년 단위로 움직인다는 것을 의미하며, 이미 2020년 후반부터 진행되고 있는 당 정치국회의가 몇 번째인가를 공표한 것 등과 함께 당의 중요회의를 통한 통치, 당기관결정주의를 명확하게 했다.

개정 전 당규약 제27조에는 "당중앙위원회 정치국과 정치국 상무위원회는 전원회의와 전원회의 사이에 당중앙위원회의 이름으로 당의 모든 사업을 조직지도한다"로 되어 있었지만, 개정 후에는 당중앙위 정치국과 당중앙위 정치국 상임위원회로 역할을 나누어 명확화했다.

또한, 같은 제27조에 따르면 당중앙위 정치국은 당중앙위 전원회의와 전원회의 사이의 모든 사업을 조직지도하고 당중앙위원회 전원회의를 소집한다고 되어 있다.

제28조에서는 당중앙위 정치국 상무위원회는 "정치, 경제, 군사적으로 시급히 제기되는 중대한 문제들을 토의결정하며 당과 국가의 중요간부들을 임면할데 대한 문제를 토의한다", "조선로동당 총비서의 위임에 따라 당중앙위원회 정치국 상무위원회 위원들은 정치국회의를 사회할수 있다"고 했다. 당 정치국 상무위원회에 당과 국가 중요간부들의 임명권을 부여한 정치국회의의 사회대행은 당 총비서의 부담 경감의 의미도 있는 것으로 보였다.

또한, 규약 개정으로 '당중앙위원회 검열위원회'가 없어지고, 그 기능을 '당중앙검사위원회'가 계승하게 되었다. 지금까지 당중앙검사위원회는 당의 재정규율위반을 검사하는 기관이었지만, 당규율 위반행위, 관료주의, 부정부패 등을 감독조사하고 아래로부터의 진정을 받아들이는 '신소청원'도 처리하는 등 폭넓은 권한이 주어졌다.

그리고 당중앙위에 규율조사부가 설치되어 당중앙위원회부터 도·시·군의 당위원회에 이르기까지 당규율 문제를 전임하는 부서가 마련되었다.

'병진노선'에서 '자력갱생'으로

구 규약 서문에서 "조선로동당은 혁명대오를 정치사상적으로 튼튼히 꾸리고 인민대중중심의 사회주의제도를 공고발전시키며 경제건설과 핵무력건설의 병진로선을 틀어쥐고 과학기술발전을 확고히 앞세우면서 나라의 방위력을 철벽으로 다지고 사회주의 경제강국, 문명국건설을 다그쳐나간다"며 "경제건설과 핵무력건설의 병진로선을 견지"할 것을 제시했다. 이것이 "조선로동당은 자력갱생의 기치밑에 경제건설을 다그치고 사회주의의 물질기술적토대를 튼튼히 다지며 사회주의 문화를 전면적으로 발전시키고 사회주의 완전승리를 앞당기기 위하여 투쟁한다. 조선로동당은 공화국무력을 정치사상적으로 군사기술적으로 부단히 강화하고 자립적 국방공업을 발전시켜 나라의 방위력을 끊임없이 다져나간다"고 개정되어 '병진노선'을 삭제하고 '자력갱생' 노선을 제시했다.

조선노동당의 병진노선은 2013년 3월 당중앙위원회 전원회의에서 제시된 것으로, 2016년 5월 제7차 당대회에서 당규약에도 명기되었다. 북한은 2017년 11월 신형 ICBM '화성 15'의 시험 발사를 성공시켜 국가핵무력의 완성을 선언했다. 그러나 북한이 2018년 2월 평창동계올림픽에 참가하면서 시작된 대화 노선으로 전환했으며, 조선노동당은 2018년 4월 당중앙위 제7기 제3차 전원회의에서 승리 속에서 병진노선을 종료했다고 했다.

국제사회는 2017년 말부터 유엔에서 경제제재 강화를 결의했으며, 이 때문에 북한은 2019년 12월 당중앙위 제7기 제5차 전원회의에서 자력갱생 노선을 제시했다. 경제제재가 장기화하는 가운데 북한은 2021년 1월 제8차 당대회에서도 '자력갱생' 노선을 천명하고 당규약도 이에 따라 개정한 것이다.

'5대 교양'의 수정

개정 전 당규약에서는 당원이나 근로자 대상 사업으로 제35조에서 '5개의 사상교양활동'을 강화한다고 했다. 5개 교양이라는 것은 '위대성교양, 김정일애국주의교양, 신념교양, 반제계급교양, 도덕교양'이었다.

이것이 개정되어 '반제계급교양과 도덕교양' 두 개는 그대로 남았으며, '위대성교양, 김정일애국주의교양, 신념교양'이 '혁명전통교양, 충실성교양, 애국주의교양'으로 대체되었다.

'위대성교양'에 대해서 김정은 당 총비서는 2019년 3월에 열린 '제2차 전국당 초급선전활동가대회'에 보낸 서한(3월 6일 자)에서 "(최고지도자에 대한) 위대성교양에서 중요한것은 수령은 인민과 동떨어져있는 존재가 아니라 인민과 생사고락을 같이하며 인민의 행복을 위하여 헌신하는 인민의 령도자라는데 대하여 깊이 인식시키는것"이라고 했다. 나아가 "만일 위대성을 부각시킨다고 하면서 수령의 혁명활동과 풍모를 신비화하면 진실을 가리우게 됩니다. 수령은 인간과 생활을 열렬히 사랑하는 위대한 인간이고 숭고한 뜻과 정으로 인민들을 이끄는 위대한 동지입니다. 수령에게 인간적으로, 동지적으로 매혹될 때 절대적인 충실성이 우러나오는것"이라면서 "수령의 사상리론도 인민들을 존엄높이 잘살게 하기 위한 인민적인 혁명학설이고 수령의 령도도 인민대중에게 의거하여 그 힘을 발동시키는 인민적 령도이며 수령의 풍모도 인민을 끝없이 사랑하고 인민에게 멸사복무하는 인민적풍모라는것을 원리적으로, 생활적으로 알게 하여야 합니다"라고 말했다.[3]

이것은 김정은의 '수령관'을 보여주는 흥미로운 말이다. 인민이 수령에 인간적이며 동지적으로 매료되어야 '절대적인 충실성'이 생기는 법이며, 수령의 '신비화' 등은 폐해가 된다는 생각이다. 김정일 총비서가 했던 김일성 주석에 대한 신비화에 대한 비판이라고도 할 수 있는 발언이었다. 그것은 동시에 자신이 원하는 '수령관'이기도 했다.

이번 당규약 개정의 큰 방침 중 하나는 김일성 주석, 김정일 총비서의 고유명사를 규약에서 삭제하는 것이다. 그런 의미에서 '김정일애국주의'는 자취를 감추고 수령(김정은 당 총비서)에 대한 '충실성교양'으로 대체된 것이다.

또한, '신념교양'이 '애국주의교양'이 된 배경에는 북한이 2018년 말부터 강조하고 있는 '우리 국가제일주의'의 반영이 있는 것으로 보였다. 그리고 '김일성-김정일주의 청년동맹'의 명칭을 '사회주의애국청년동맹'으로 바꾼 것도 이런 사고방식의 연장선에 있는 것으로 보였다.

'사회주의문화의 전면 발전'과 '사회주의 완전 승리'

제8차 당대회에서의 당규약 개정의 전체적인 특징은 서문 개정에서 볼 수 있듯이 '사회주의'의 강조이며 '사회주의문화를 전면적으로 발전', '사회주의의 완전 승리'를 전면에 내세운 것이다. 김정은 정권은 정권 출범 당시에는 시장경제적인 정책을 도입하거나 문화적으로도 개방적인 자세를 보였으나 2019년 2월 하노이에서의 북미정상회담 결렬 이후에는 사회주의적

---

3 "경애하는 최고령도자 김정은동지께서 제2차 전국당초급선전일군대회 참가자들에게 서한 〈참신한 선전선동으로 혁명의 전진동력을 배가해나가자〉를 보내시였다", ≪로동신문≫, 2019.3.9.

통제강화라는 방향성을 강화하고 있다.

북한은 2021년 12월 최고인민회의 상임위원회 제12차 전원회의에서 '반동사상·문화배격법'을 제정해 반사회주의, 비사회주의적 경향을 법으로 단속하기로 했다.

2021년 1월 제8차 당대회와 같은 해 4월 말에 열린 '사회주의애국청년동맹' 대회에서도 반사회주의, 비사회주의적 경향과의 투쟁이 강조되었다.

김정은 당 총비서는 청년동맹에 보낸 서한에서 "지금의 청년세대는 나라가 시련을 겪던 고난의 시기에 나서자라다보니 우리 식 사회주의의 참다운 우월성에 대한 실체험과 표상이 부족하며 심지어 일부 잘못된 인식까지 가지고 있습니다"라고 지적했다.

이것은 1990년대 후반의 '고난의 행군'을 경험한 젊은 세대가 사회주의의 혜택을 받지 못하고 시장에 의해 살아왔기 때문에 반사회주의, 비사회주의적 경향에 물들어 있다는 위기 인식으로 보인다. 아직 38세의 김정은 총비서에게 있어서 '사회주의 강국'을 세우기 위해서도 이 고난의 행군세대, 시장세대의 사상 교육은 체제 존속에 영향을 주는 중대한 문제로 인식하고 있을 것이다.

제10장

'인민적 수령'에의 길과
'김정은 혁명사상'의 등장

'수령' 호칭의 등장

당 기관지 ≪로동신문≫과 당 이론지 ≪근로자≫는 2020년 10월 3일 '인민을 위하여 멸사복무하는 우리 당의 위업은 필승불패이다'라는 제목의 공동논설을 발표했다.[1] 당 창건 75주년인 10월 10일을 앞둔 공동논설이자 김정은 정권이 되고 나서 6회째 공동논설이었다.

이 공동논설은 조선노동당이 인민대중제일주의에 입각한 인민에게 멸사봉공하는 당임을 강조하면서 조선노동당이 있으면 어떠한 어려움도 돌파할 수 있다는 논지였다. 이 공동논설에서 특히 주목한 것은 "경애하는 최고령도자 김정은동지는 우리 당을 인민을 위하여 멸사복무하는 혁명적당으로 끊임없이 강화발전시켜나가시는 인민의 위대한 수령이시다"라며 김

---

[1] "≪로동신문≫, ≪근로자≫ 공동론설: 인민을 위하여 멸사복무하는 우리 당의 위업은 필승불패이다", ≪로동신문≫, 2020.10.3.

정은을 '인민의 위대한 수령'이라고 불렀던 것이었다.

나아가 "우리 인민은 자기 집격정보다 먼저 우리 원수님 고생하실 생각에 더 가슴아파하는 인민이다. 인민들의 불행은 수령께서 다 가시여주지만 그이의 천만고생만은 수천만 인민도 대신할수 없는것이기에 원수님의 영상을 뵈올 때면 어쩔수없이 뜨거운 눈물부터 쏟는것이 우리 인민"이라고 말했다. '원수'는 김정은이고 그것을 '수령'으로 표현했다.

공동논설은 9회에 걸쳐 '수령'이라는 말을 사용하고 있지만, 그 가운데 4회는 '수령님들'이라는 복수형으로 사용되어 김일성 주석과 김정일 총비서를 가리키고 있었다. 당 기관지와 당 이론지가 당 창립 75주년을 앞둔 공동논설에서 김정은을 김일성 주석이나 김정일 총비서와 같이 '수령'으로 표현한 것은 앞으로 당의 의사로서 김정은을 '수령'의 호칭으로 받들겠다는 의사로 보였다.

제8차 당대회에서 '인민적 수령'으로서 당 총비서에 추대

조선노동당 제8차 당대회가 2021년 1월 5일부터 12일까지 개최되어 5일째인 1월 9일 당규약이 개정되어 제24조에서 "조선로동당의 수반은 조선로동당 총비서이다"라고 규정하고 당의 최고직책을 지금까지의 당위원장에서 당 총비서로 바꿨다. 이에 따라 7일째인 1월 10일 당 총비서 추대가 이뤄졌다. 리일환 당비서가 '추대사'를 하고 김정은을 당 총비서에 추대했다. '추대사'는 "혁명하는 당에 있어서 당의 수반은 전당의 조직적의사를 체현하고 대표하는 혁명의 최고뇌수, 령도의 중심, 단결의 중심으로서 수령의 지위를 차지하며 인민대중의 혁명위업, 사회주의위업수행에서 결정적역할을 합니다"라면서 조선노동당의 수반은 '수령의 지위'를 차지한다고 했다.[2]

'추대사'는 "시대와 혁명이 부여한 가장 책임적이고도 중대한 사명을 걸머진 당의 수반은 전당을 대표하고 현명하게 령도할수 있는 특출한 자질과 능력을 지니고있어야 합니다"라고 하며, "수령의 위대성이자 당의 위대성이고 나라와 민족의 강대성이며 혁명위업의 불패성"이라고 말했다.

그리고 "경애하는 김정은동지는 령도자로서뿐아니라 혁명가로서, 인간으로서 지녀야 할 풍모를 가장 숭고한 높이에서 체현하고계시는 인민적수령이십니다"라면서 김정은을 여기서도 '인민적수령'이라고 했다.

앞에서 언급했듯이 조선노동당은 당규약을 개정해 당원의 의무로 '수령의 혁명사상'으로 철저히 무장할 것을 요구했으며, 여기서의 '수령'은 김정은 당 총비서이며 '김정은 당 총비서의 혁명사상'에 대한 충성을 의무로 규정했다.

2021년 5월부터 '수령' 캠페인

그리고 2021년 5월경부터 당 기관지 ≪로동신문≫에 김정은 당 총비서를 '수령'으로 부르는 기사가 빈번하게 등장하게 되었다.

≪로동신문≫은 5월 14일 자 '인민의 심부름꾼당'이라는 제목의 '정론'을 게재했다.[3] '정론'은 조선노동당이 '어머니당'이기 위해서는 '인민의 심부름꾼당'이어야 한다고 호소하면서 "이는 위대한 수령님들을 모시듯이 우리 인민을 정히 받들어야 한다는 숭고한 인민관을 내세우시고 인민에 대한 멸

---

2 ≪로동신문≫, 2021.1.11.

3 "인민의 심부름꾼당", ≪로동신문≫, 2021.5.14.

사복무를 필생의 일편단심으로 간직하신 인민적수령이신 경애하는 총비서 동지께서만이 천명하실수 있는 고귀한 부름이다. 그것은 위대한 김정은시 대를 상징하는 또 하나의 격동적인 시대어이며 경애하는 총비서동지께서 이끄시는 조선로동당의 참모습, 영광스러운 전투적기치"라면서 김정은 당 총비서를 "인민에 대한 멸사복무를 필생의 일편단심으로 간직하신 인민적 수령"이라고 표현했다. 그리고 김정은이 "나의 사상은 아무리 전개하여야 인민의 심부름군으로 되여야 한다는것밖에 더 나올것이 없다고 간곡히 말 씀하시였다"고 간절하게 말했다며 "고금동서에 어느 수령, 어느 위인이 이 처럼 심원하고도 가슴울리는 심중을 이처럼 열렬히 피력한 례가 있었던가. 우리 당과 인민의 위대한 수령이신 경애하는 김정은동지의 혁명사상, 정치 철학은 시대와 력사, 혁명과 건설의 모든 분야에 전면적이고도 세부적이며 심오하면서도 독창적인 해답을 주는 진리와 승리의 대백과전서, 현대인류 지성의 최고정수를 이루고있다"고 칭송했다. 그리고 마지막은 "세기의 태 양, 인민의 수령이신 경애하는 김정은동지의 당, 조선로동당에 영광, 영광 이 있으라!"라는 말로 긴 칭찬을 마쳤다.

김정은을 '수령'으로 칭송하는 캠페인의 시작이었다.

수령에게 '보은'하라는 통치이데올로기

북한에서는 2021년 5월경부터 김정은 당 총비서를 '수령'으로 표현하는 것이 일반화되기 시작하지만, 이와 동시에 인민에게 멸사복무하는 '인민적 수령'에 대한 인민의 '충성'을 요구하는 캠페인이 전개되었다. 수령인 김정 은 당 총비서가 '인민대중제일주의'를 내세워 당 간부들에게 멸사복무를 요 구하지만, 인민은 그런 수령의 은혜에 보답해야 한다는 논리다. 앞서 언급한 ≪로동신문≫과 ≪근로자≫의 공동논설과 정론 '인민의 심부름꾼당' 중에도 그러한 논리가 포함되어 있었다.

5월 13일 자 ≪로동신문≫은 '수령에 대한 충실성은 혁명가의 기본징표'라는 제목의 논설을 게재했다.[4] 이 논설은 고 김정일 총비서의 "수령에 대한 충실성은 혁명전사의 제일생명입니다"라는 말을 인용하면서 "수령에 대한 충실성은 혁명가의 제일생명이고 기본징표이다. 충실성이 높아야 수령의 구상과 의도를 충직하게 받들고 그 실현을 위하여 자기의 모든것을 다 바쳐 투쟁해나갈수 있다", "당정책관철에서의 석차는 실력의 차이이기 전에 충실성의 차이이다", "과학과 기술을 알기 전에 수령을 먼저 알고 수령의 은덕에 보답할줄 아는 열혈의 충신이 되자, 이것이 우리 인민의 신념의 외침이다", "수령을 끝없이 신뢰하며 받드는 인민은 그 무엇으로써도 굴복시킬수 없고 그 어떤 난관도 헤쳐나갈수 있다"고 지적했다.

또한, 같은 날짜 ≪로동신문≫은 '위대한 수령이 위대한 인민을 키운다'는 김정은 총비서의 '명언' 해설기사를 게재했다. '명언'에는 "위대한 수령을 모신 인민만이 위대한 인민으로 자라나게 된다는 고귀한 철리가 담겨져 있다"라고 한 다음, "정녕 대대로 수령복, 장군복을 누리는것은 태양민족의 자랑이고 긍지이며 우리 인민이 받아안은 행운중의 행운이다", "모든 일군들과 당원들과 근로자들은 끝없는 이 영광을 가슴에 새기고 경애하는 총비서동지의 사상과 령도를 충성으로 받들어나가야 한다"라고 지적했다.[5]

이러한 북한 미디어의 논조는 김정은 당 총비서가 내세우는 '인민대중제일주의'라는 최고지도자의 인민중시에 대해 인민이 수령에 대한 충실성으

---

4 "수령에 대한 충실성은 혁명가의 기본징표", ≪로동신문≫, 2021.5.13.
5 "위대한 수령이 위대한 인민을 키운다", ≪로동신문≫, 2021.5.13.

로 보은해야 한다는 논리에 의해 성립하는 것이었다.

나아가 ≪로동신문≫은 5월 17일 자에서 '경애하는 김정은동지께 무한히 충실한 참된 혁명전사, 신념과 의리의 인간이 되자'는 제목의 사설을 게재했다. 사설은 "수령의 사상과 령도를 충직하게 받드는것은 우리 인민의 자랑스러운 전통이다", "세계혁명운동사상 처음으로 수령에 대한 충실성의 전통이 창조되고 계승발전되여온 긍지높은 력사로 빛나고있다", "수령에 대한 우리 인민의 절대적인 충실성은 오늘 경애하는 김정은동지를 수위에 모시여 숭고한 높이에서 발휘되고있다", "경애하는 김정은동지에 대한 우리 당원들과 근로자들, 인민군장병들의 무한한 충실성은 걸출한 수령, 절세의 애국자, 탁월한 혁명가, 위대한 인간에 대한 끝없는 매혹과 열화같은 흠모심의 분출이다"라고 말했다.[6]

이처럼 김정은 총비서를 '수령'으로 자리매김하는 캠페인과 동시에 김정은이 내걸었던 '인민대중제일주의'에 인민이 부응하고 인민이 '수령에 보답하는 충성'을 요구받았다. 어쩌면 '인민대중제일주의'를 논리를 거꾸로 하여 '수령제일주의'로 바꿔 읽는 캠페인으로 봐도 무방할지도 모르겠다.

인민의 '위대한 어버이'

조선말로 '어버이'란 부모란 의미이지만, 북한에서는 김일성 주석에 대해 '어버이 수령님'이라는 표현이 쓰였다. '인민의 자애로운 어버이 수령님'이라는 뜻이다.

---

6 "경애하는 김정은동지께 무한히 충실한 참된 혁명전사, 신념과 의리의 인간이 되자", ≪로동신문≫, 2021.5.17.

김정은 정권이 출범한 직후인 2012년 1월 구정을 맞이하여 만경대혁명학원을 방문해 학생과 교직원과 기념사진을 찍었다. 당 기관지 ≪로동신문≫은 1월 25일 자로 이를 보도했으며, 김정은을 기다리고 있던 학생과 교직원의 모습을 "순간 경애하는 어버이를 기다리며 촬영대에 서있던 교직원, 학생들은 하늘 땅을 휘흔드는 폭풍 같은 '만세!'의 환호와 '김정은 결사옹위!'의 구호를 목청껏 터쳐올리면서 열광적으로 환영하였다"고 보도했다. 당시 아직 28세인 김정은을 '어버이'로 보도해서 화제가 되었다.[7]

그러나 북한에서는 '어버이 수령님'이라는 말은 김일성 주석만을 가리키는 말이며, 이러한 예외를 제외하고 김정은을 '어버이'라고 표현하는 보도는 거의 없었다.

그렇지만 조선총련(조총련)은 2016년 신정 김정은에게 보낸 새해 축하문에서 "재일동포의 자애로운 어버이신 경애하는 김정은 원수님"이라는 표현을 사용해 김정은에게 '어버이'라는 호칭을 사용하기 시작했다.[8] 조선총련은 2021년 신정 축하문에서도 "21세기의 위대한 태양이시며 총련과 재일동포의 자애로운 어버이이신 경애하는 최고령도자 김정은 원수님에게 삼가 드립니다"라는 제목의 서한을 보냈다.[9]

그러나 북한 내부에서는 쓰지 않았던 김정은에 대한 '어버이'라는 표현이 최근 점차 늘어나기 시작해 2021년 10월 22일 자 ≪로동신문≫은 '운명도 미래도 다 맡아 보살펴주시는 위대한 어버이를 수령으로 높이 모신 인민의

---

7 "조선인민군 최고사령관 김정은동지께서 설명절에 즈음하여 만경대혁명학원을 방문하시고 교직원, 학생들을 축하하시였다", ≪로동신문≫, 2012.1.25.

8 "재일동포들의 자애로운 어버이이신 경애하는 김정은원수님께 삼가 드립니다", ≪로동신문≫, 2016.1.1.

9 "21세기의 위대한 태양이시며 총련과 재일동포들의 자애로운 어버이이신 경애하는 최고령도자 김정은원수님께 삼가 드립니다", ≪로동신문≫, 2021.1.1.

영광 끝없다'라는 제목의 논설을 실었다.[10]

유교 정신이 짙게 남아 있는 북한 사회에서 집권 10년, 불과 37세의 김정은은 '어버이', 즉 '국부'가 되었다는 것이다. 북한은 김정은 당 총비서를 '어버이'로 부르고 조선노동당을 '어머니당'으로 하는 국가가 되었다.

논설은 "경애하는 김정은동지는 우리 인민을 더없이 신성시하시며 그들의 피부에 사회주의혜택이 하나라도 더 가닿게 하기 위하여 불면불휴의 로고를 바쳐가시는 위대한 어버이이시다"라고 칭송했다. 그리고 "받아안는 사랑과 은덕에 보답을 따라세우는것은 인간의 마땅한 도리이다. 자기를 지켜주고 품어주며 내세워주고 이끌어주는 위대한 어버이의 크나큰 사랑에 눈물이나 흘리고 만세나 부를줄 알고 보답할줄 모른다면 그보다 더한 배은망덕은 없다"고 지적해 여기서도 인민의 수령에 대한 '보은'이 강조되었다. 그리고 "경애하는 총비서동지를 혁명의 위대한 수령으로 높이 모신 크나큰 긍지와 자부심에 넘쳐있는 우리 인민은 당대회결정관철을 위한 오늘의 투쟁에서 정신력의 강자, 불가능을 모르는 위훈의 창조자로 값높은 삶을 수놓아갈것"이라면서 제8차 당대회가 결정한 국가경제발전 5개년 계획의 첫해 목표 달성에 힘을 다하라고 요구했다.

또한, 《로동신문》은 당 창건 76주년인 2021년 10월 10일 '인민대중제일주의기치를 높이 들고나가는 조선로동당의 위업은 필승불패이다'라는 제목의 사설을 게재했다.[11] 이 사설은 "우리 당을 영원히 김일성-김정일주의당으로 빛내여나가야 한다"며 조선노동당은 '영원히' 김일성-김정일주의

---

10 "운명도 미래도 다 맡아 보살펴주시는 위대한 어버이를 수령으로 높이 모신 인민의 영광 끝없다", 《로동신문》, 2012.10.22.

11 "인민대중제일주의기치를 높이 들고나가는 조선로동당의 위업은 필승불패이다", 《로동신문》, 2021.10.10.

당으로 걸어가야 한다고 했다.

그 위에 "우리 당의 지도사상인 김일성-김정일주의를 인민대중제일주의로 정식화하시고 인민대중제일주의정치를 당의 존망과 사회주의의 성패를 좌우하는 근본문제, 기본정치방식으로 내세우신분이 경애하는 총비서동지이시다"라고 언급했다.

종래에는 "김일성-김정일주의는 본질에 있어서 인민대중제일주의"라는 표현을 사용했는데, 이를 "우리당의 지도사상인 김일성-김정일주의를 인민대중제일주의로 정식화"했다면서 "김일성-김정일주의=인민대중제일주의"로 격상했다. 또한, "경애하는 김정은동지는 천재적인 사상리론적예지와 비범특출한 령도력, 거룩한 풍모를 지니고계시는 우리 당과 국가, 인민의 위대한 수령이시다"라며 사설은 김정은을 "우리 당과 국가, 인민의 위대한 수령"이라고 규정했다.

'수령'이란

그렇다면 북한에서 '수령'이란 어떠한 존재일까?

북한의 『조선대백과사전』(간략판, 2004년)에서 '수령'은 "노동계급의 혁명위업을 승리에로 이끌어 나가는 당과 혁명의 최고령도자"라고 말한다.

나아가 "사회정치생명체의 최고뇌수로서 인민대중속에서 절대적 지위를 차지한다. 수령은 인민대중의 자주적 요구와 리해관계를 통일시키며 그것을 인민대중의 창조적 활동으로 실현해 나가는데서 그 중심. 수령은 또한 로동계급의 혁명투쟁에서 결정적 역할 수행, 혁명의 지도사상 창시, 심화발전, 인민대중을 조직화, 의식화하여 하나의 정치적 력량으로 결속. 혁명을 승리에로 조직 령도, 수령의 후계자를 옳게 선정하여, 높이 받들어 나가게

함으로서, 수령의 혁명 위업 계승 문제를 빛나게 해결하며, 혁명의 종국적 승리를 이룩하게 위한, 결정적 담보를 확고히 마련한다"라고 되어 있다.

한국에 있는 탈북자 지식인에게 "수령이란 무엇인가"라고 물어봤더니 "자신들은 '수령이란 혁명의 당을 창시하고, 그 당의 사상을 창출한 사람'이라고 배웠다"고 말한다. 이 사람이 받은 교육에서는 조선노동당을 창설하고 그 지도이념인 주체사상을 창출한 사람이 수령이 된다. 그렇게 되면 '수령'은 김일성 주석밖에 없다.

사실 김정일 총비서는 자신이 살아 있는 동안에는 자신을 '수령'이라고 부르지 않았다. '위대한 수령'이란 김일성 주석 한 명이었다.

김일성 주석도 처음부터 '수령'을 자칭했던 것은 아니다. 문헌상 북한에서 처음 '수령'이란 말이 사용된 것은 스탈린에 대해서 사용되었다고 한다.[12] 김일성은 1946년 8월 10일 중요 산업, 교통통신운송은행 등의 국유화 방안을 발포하는 연설에서 스탈린을 '소련 인민의 위대한 수령'이라고 불렀다.

조선노동당 내부에서는 김일성 등 항일빨치산이 소련파, 연안파, 국내파 등을 숙청하고 점차 지배를 강화해 갔다. 김일성 주석이 '수령'을 자칭했던 것은 그러한 당내 투쟁에서 승리해 만주 빨치산파가 승리를 굳힌 이후였다.

문헌상 김일성 주석이 처음 공식 석상에서 '수령'이라 불린 것은 1952년 12월 15일로 조선노동당 중앙위 제5차 전원회의에서 김일성이 연설을 끝냈을 때 "우리의 경애하는 수령, 김일성동지에 영광이 있어라"라는 환호성이 일어났던 것이 처음이라고 한다.[13]

조총련의 한덕수 의장은 1964년 김일성 수상에 보낸 새해 인사 축하문에

---

12 鐸木昌之, 『北朝鮮首領制の形成と変容』, 明石書店, 2014, 135項.

13 위의 책, 136項.

서 '경애하는 수령'이라는 형용사를 붙였으며, 그 뒤에도 그것이 이어졌다.[14]

북한에서 김일성 주석에 대해 '수령'이라고 부르게 된 것은 1966년 9월 30일, 황장엽 김일성종합대학 총장(당시)이 이 대학 창립 20주년을 맞아 '당과 수령에 대한 충실성은 종합대학의 제일 생명이며 영광스러운 전통이다'라는 연설을 한 이후 일반화되었다고 한다.[15]

그리고 1967년 5월 4일부터 8일까지 당중앙위 제4기 제15차 전원회의가 비밀리에 개최되어, 박금철 당 정치위원회 상무위원 등이 '부르주아분자 수정주의분자'로 숙청되고 '당의 유일사상체계를 확립하는 것에 대하여'를 채택했다. 김일성은 거기서 처음으로 스스로에 대해 '수령'이라는 말을 쓴 것으로 보인다.[16]

그리고 1969년 4월에 열린 전국 사회과학자 토론회에서 '수령'은 '당과 권력기관, 근로단체 등을 유일하게 지도하는 최고뇌수'로 정의했다.[17]

김일성 주석에 대한 '수령제' 형성도 오랜 과정이 존재했다. 그런 만큼 김정은에게 '수령'이라는 개념이 사용되기 시작한 의미를 우리는 보다 다면적으로 생각해야 할 것이다.

북한의 '수령'이라는 개념은 주체사상을 기반으로 하는 '유일사상체계'라는 이데올로기적 통제와 일체가 되어 등장했다. '수령'은 앞에서 언급한 백과사전에 있듯이 "사회정치생명체의 최고뇌수로서 인민대중속에서 절대

---

14 "조선인민의 경애하는 수령 김일성원수앞", ≪로동신문≫, 1964.1.1.

15 "당과 수령에 대한 충실성은 종합대학의 제일 생명이며 영광스러운 전통이다", ≪로동신문≫, 1966.10.1.

16 "당중앙위원회 제4기 제15차 전원회의. 당의 유일사상체계를 튼튼히 세우며 온 사회를 혁명화, 로동계급화하기 위한 투쟁", 『조선로동당략사』(1979), 제9장 제8절.

17 『북한 지식사전』, 통일교육원, 2015, '수령론'.

적 지위를 차지"한다고 순화하고, 유일사상체계의 확립이란, 즉 수령제의 확립이었다.

그리고 『조선대백과사전』의 기술이나 지식인 탈북자가 말하는 것처럼 '수령이 성립'하려면 '혁명의 지도사상 창시, 심화·발전'이 요구된다. 김정은이 '수령'을 자칭하는 것은 북한 체제 내의 논리에 따른다면 새로운 '수령'으로서의 '혁명 사상의 창시, 심화 발전'이 요구된다고 생각해야 할 것이다.

김정일은 주체사상의 해석권을 독점해 '수령'을 김일성 주석만의 것으로 순화(純化)해 나가는 작업을 했다. 김정일은 1974년 '당의 유일사상체계 확립에 관한 10대 원칙'을 발표하고 수령에 대한 절대적인 충성을 요구했다.

김정일은 '위대한 수령'인 김일성 주석을 '유일적' 최고지도자로 만들었기 때문에 자신이 '수령'을 자칭할 수 없었다. 1974년 김정일이 후계자로 결정되고 그 후는 김일성 주석과 김정일 총비서에 의한 권력의 이원화가 진행되었지만, '수령'은 '유일'한 것이기 때문에 김정일 총비서는 자신이 만든 논리에 의해 스스로 '수령'을 칭하지 않았다. 그것은 1994년 김일성 주석이 사망한 후에도 변하지 않았다.

이 '유일사상체계의 확립'은 1980년대에 들어와 김정일에 의한 '혁명적 수령관'이나 '사회정치적생명체론'의 발표로 진화해 주체사상을 통치이념화하고 자신의 후계체제 확립을 위해 활용했다.

김정일은 1981년 3월 전국 당 선전활동가회의에서 한 결어 '당 사상활동을 더욱 개선하기 위해'에서 '혁명적 수령관'을 밝혔다. 결어는 "수령에 대한 충실성을 혁명적신념으로 간직하자면 혁명적수령관을 세워야 합니다. 수령에 대한 충실성을 혁명적신념으로 간직한다는 것은 곧 혁명적수령관을 세운다는 것을 말합니다. 혁명적수령관은 력사발전과 혁명투쟁에서 수령이 노는 결정적역할에 대한 과학적인식과 력사적체험에 기초하고 있습니다. 로동계급의 수령이 혁명투쟁에서 결정적역할을 한다는 것은 공산주의운동의 전력사에 의하여 확증된 진리입니다. 혁명의 이 진리를 체득하여 혁명적수령관을 바로세울 때 어떤 시련과 역경속에서도 굽히지 않는 신념을 가지고 수령을 충성으로 받들어나가게 되는것입니다"라며 '혁명적 수령관'을 밝혔다.

나아가 김정일은 1986년 7월 15일, 당중앙위 일군들에 한 담화 '주체 사상 교양에 제기되는 몇 가지 문제에 대하여'에서 '사회정치적생명체론'을 밝혔다. 여기서는 사회정치적 존재인 개개인은 당의 영도하에 수령을 중심으로 조직사상적으로 결합하면 사회정치적인 생명체로서 영생한다는 유기체 국가론을 주장했다. 수령은 생명체의 뇌수의 역할을 한다고 설명되었다.

'사회정치적생명체론'에서 수령은 '뇌수'이고 당은 수령과 인민대중을 결합시키는 '혈관'과 '신경'이며, 인민대중은 '생명체'로 여겨지며 인민대중, 당, 수령이 통일체가 되어 사회정치적생명체가 만들어진다고 했다. 사회정치적생명체에서 구성원은 부르주아 사회처럼 권리와 의무의 관계가 아니라 동지애와 혁명적 의리에 의해 규정된다고 했다.

주체사상은 인간은 주체성을 가진 존재로 여겨졌지만, 혁명적수령관이나 사회정치적생명체론에 의해 인민은 수령과 당의 지시에 따라 그 생명체의 능력을 발휘할 수 있다고 했다. 지도이념인 주체사상은 혁명적수령관과 사회정치적생명체론으로 집약되는 가운데 통치이론으로 전화되어 갔다.

한편, 인민대중 측에서 보면 '혁명적수령관'과 '사회정치적생명체론'은 인민대중이 수령이나 당에 무조건 따르는 것을 의미했다. '생명체'인 인민대중은 뇌수인 '수령'이나 혈관과 신경인 '당'의 존재 없이 살 수 없는 존재가 되어버렸다.

앞에서 김정은에 대한 '수령' 호칭의 시작과 함께 인민대중이 수령의 인민에 대한 생각에 '보은'할 것을 요구받는 캠페인이 시작되었다는 것을 지적했지만, 지금까지의 북한의 혁명적 수령관에서 보면, 이것은 당연한 귀결이었다. '사회정치적생명체'의 일부인 인민대중은 수령이나 당의 영도에 따를 수밖에 없다는 것이 된다.

이것은 김정은 시대의 '수령론'이 표현상 '인민적 수령'이라는 새로운 표현 형태를 취하면서 그 논리적 전개는 '혁명적 수령관'의 틀 안에 있다는 것을 의미하고 있다.

'수령'의 조건으로서의 '혁명사상의 창시, 심화 발전'

이처럼 김일성이 '수령'이 될 때까지도 우여곡절이 많았다. 북한은 2020년 10월경부터 김정은에 대해 '수령'이라는 호칭을 사용하기 시작했고, 2021년 5월경부터 그 빈도가 늘어났다. 그것은 북한이 김정은을 절대적인 권력자로 만들어가는 동시에 김정은에게 그러한 역사적인 배경을 가진 '수령'의 역할을 맡게 한다는 양면성이 있다는 것을 지적할 필요가 있을 것이다.

앞에서 언급한 『북한대백과사전』에서 '수령'의 설명을 봐도 '수령'에는 몇 가지 조건이 부과되어 있다. 그것은 ① 인민대중의 자주적 요구와 이해관계를 통일하고 실현한다, ② 노동계급의 혁명투쟁에서 결정적 역할을 하고, 혁명의 지도사상을 창시하고 심화·발전시킨다, ③ 인민대중을 조직화, 의식화하고 하나의 정치적 역량으로 결속시킨다, ④ 혁명을 승리로 조직·영도한다, ⑤ 수령의 후계자를 올바르게 선정하고 수령의 혁명위업계승문제를 빛나게 해결한다는 것 등이다.

김정은이 '수령'을 자칭할 때 최대 과제는 ②의 '혁명사상의 창시, 심화·발전'일 것이다.

김정은은 37세로 살아 있는 '수령'을 자칭한 이상, 새로운 '혁명사상의 창시, 심화·발전'을 요구받게 되었다. 김일성 주석이 '수령'을 칭함으로써 조선노동당은 김일성 주석의 당이 되었다. 마찬가지로 김정은이 '수령'을 자칭한다는 것은 조선노동당을 김정은의 당으로 사당화하는 것이다. 이것은 제8차 당대회가 가진 큰 의미이기도 했다. 또한, 그것은 동시에 새로운 '혁명 사상의 창시, 심화·발전'을 요구받는다.

'김정은동지의 혁명사상'

한국 정보기관, 국가정보원은 2021년 10월 28일 국회정보위원회에서 북한에서는 당 회의실 등에서 김일성 주석과 김정일 총비서의 사진을 떼내어 북한 내부에서 '김정은주의'라는 말이 사용되기 시작했다고 보고했다.[18]

북한은 공식적으로 당규약에서 "조선노동당은 위대한 김일성-김정일주의를 유일한 지도사상으로 한 주체형의 혁명적당"이라고 규정하고 있다.

그러나 ≪로동신문≫ 등 북한 언론에서는 이 원고 집필 시점에서 아직 '김정은주의'라는 말은 확인되지 않았다. 그런데 2021년 들어 북한 언론에서 '김정은동지의 혁명사상'이라는 말을 볼 수 있게 되었다.

조선노동당은 1월 5일부터 제8차 당대회를 개최했는데, 1월 10일 자 ≪로동신문≫은 김정은이 실시한 사업총화보고에 대한 평양시당위원회의 김봉석 부위원장의 기고를 게재했다.[19] 김봉석 부위원장은 "경애하는 최고령도자동지의 공격적인 혁명사상과 로숙하고 세련된 령도, 전인민적인 결사전

---

18 "국정원 김정은 20kg 감량, 건강 이상무 … '김정은주의' 행보", 연합뉴스, 2021.10.28.

19 "〈당의 령도력과 전투력을 백방으로 강화하며 우리 식 사회주의건설의 새 승리를 쟁취하기 위한 진로를 밝힌 불멸의 대강: 경애하는 최고령도자 김정은동지께서 조선로동당 제8차 대회에서 하신 보고에 접한 각계의 반향〉 우리 당과 혁명력사에 특기할 정치적사변", ≪로동신문≫, 2021.1.10.

이 안아온 빛나는 승리"라고 말하면서 '경애하는 최고령도자동지의 공격적인 혁명사상'이라는 표현을 사용했다.

또한, 4월 6일부터 8일까지 평양에서 조선노동당 제6차 세포비서대회가 개최되었다. 4월 7일 자 ≪로동신문≫에 따르면 조용원 조선노동당 정치국 상무위원은 '당세포의 전투력과 투쟁력을 더욱 높여 당 제8차대회가 제시한 5개년계획을 무조건 결사집행하자'라는 제목으로 보고했다. 조용원은 이 보고에서 "경애하는 총비서동지에 대한 전체 당원들과 인민들, 인민군 장병들의 절대적인 숭배심이 날이 갈수록 더욱 강렬해지고 사회주의의 높은 령마루를 향해 끝없이 비약하고있는 오늘의 현실은 모두가 김정은동지의 혁명사상과 혁명관으로 튼튼히 무장할것을 절박하게 요구하고 있다", "당세포비서들이 시대와 혁명앞에 지닌 력사적임무의 중요성을 심장깊이 간직하고 전당과 온 사회가 김정은동지의 혁명사상으로 살아숨쉬고 움직이도록 하기 위한 성스러운 위업실현에 총매진하며 총비서동지의 유일적 령도밑에 하나와 같이 움직이는 강한 혁명적규률과 질서를 세울 것", "총비서동지의 혁명사상과 령도를 충직하게 받들어 당 제8차대회가 제시한 새로운 5개년계획을 무조건 결사집행해나가는 화선전투원, 선봉투사가 되야 한다"고 말해 '김정은동지의 혁명사상'이라는 말을 썼다.

4월 8일 자 ≪로동신문≫에 실린 '조선로동당 제6차 세포비서대회 2일회의 진행 조선로동당중앙위원회 정치국 상무위원회 위원이며 당중앙위원회 조직비서인 조용원동지와 당중앙위원회 비서들이 회의 지도'라는 기사에서도 "토론자들은 우리 당의 말단기층조직인 당세포를 총비서동지의 혁명사상과 령도를 일심전력으로 받들어나가는 충성의 전위대오로 강화하여 당대회결정관철을 위한 투쟁에서 획기적전진을 이룩해나갈 굳은 의지를 피력하였다"고 보도하고 토론자가 '총비서동지의 혁명사상'이라는 말을 사용했다고 보도했다.[20]

≪로동신문≫은 2021년 4월 9일 자 '조선로동당 제6차 세포비서대회 폐막 조선로동당 총비서이신 경애하는 김정은동지께서 강령적인 결론을 하시였다'라는 제목의 기사에서도 "대회참가자들은 경애하는 총비서동지의 혁명사상과 령도를 충성으로 받들고 당세포를 당정책결사관철의 전위대오로 튼튼히 다져 전당의 단결력과 전투력을 끊임없이 강화해나가는데 이바지할 드높은 열의에 넘쳐있었다"고 보도해 '총비서동지의 혁명사상'이라는 표현을 사용했다.[21]

그 이전에도 '김정은동지의 혁명사상'이라는 표현이 쓰였을 가능성은 있지만, 이 말의 사용이 분명하게 하나의 방향성을 지니고 있었던 것처럼 보인다.

'김일성-김정일주의'와 '김정은동지의 혁명사상'

조선중앙TV는 11월 11일 오후 8시 뉴스에서 평안북도 운산군에서 온천을 이용한 보양시설 '은덕원'이 11월 10일에 준공식을 했다는 보도를 했는데, 화면 왼쪽에 '위대한 김일성-김정일주의 만세!' 오른쪽에 '위대한 김정은동지 혁명사상 만세!'라는 붉은색 구호가 내걸려 있었다.[22]

'위대한 김일성-김정일주의'와 '위대한 김정은동지의 혁명사상'이 병렬

---

20 "조선로동당 제6차 세포비서대회 2일회의 진행: 조선로동당 중앙위원회 정치국 상무위원회 위원이며 당중앙위원회 조직비서인 조용원동지와 당중앙위원회 비서들이 회의 지도", ≪로동신문≫, 2021.4.8.

21 "조선로동당 제6차 세포비서대회 폐막 조선로동당 총비서이신 경애하는 김정은동지께서 강령적인 결론을 하시였다", ≪로동신문≫, 2021.4.9.

22 조선중앙TV, 2021.11.11. 20시 뉴스.

조선중앙TV 11월 11일 20시 뉴스

적으로 동격으로 다루어지고 있는 것에 주목하지 않을 수 없다.

김정일 총비서 10주기인 2021년 12월 17일 평양 김일성 광장에서 중앙추모대회가 열려 최룡해 최고인민회의 상임위원장이 추도사를 읽었다. 최룡해는 추도사에서 '혁명사상'이라는 말을 3번 사용했는데, '김일성동지의 혁명사상', '김정일동지의 혁명사상', '김정은동지의 혁명사상'과 같이 3대 최고지도자의 혁명 사상을 동렬로 표현했다.

그 위에 "경애하는 김정은동지의 혁명사상으로 튼튼히 무장하고 전당과 온 사회에 당중앙의 유일적령도체계를 더욱 철저히 세우며 김정은동지의 구상과 의도를 한마음한뜻으로 충직하게 받들어나가야 합니다"라고 말했다.

이것은 김정은 당 총비서의 '혁명사상'을 김일성, 김정일 두 수령의 '혁명사상'과 동등하게 다루며 '김정은동지의 구상과 의도를 일심동체가 되어 충실히 봉사할' 것을 요구하는 것이다.

'전당과 온 사회를 김정은동지의 혁명사상으로 일색화하자!'

조선중앙TV는 2021년 12월 4일 오후 8시 뉴스에서 평안북도에서 물엿 등을 만드는 '8월 식료소재 가공공장'의 준공식 모습을 보도했다. 화면에서는 앞에서 언급한 보양시설 준공식 때처럼 왼쪽에 '김일성-김정일주의 만세!'의 구호가, 오른쪽에 '위대한 김정은동지의 혁명사상 만세!'의 구호가 걸려 있었다. 나아가 뒤의 건물에 '전당과 온 사회를 김정은동지의 혁명사상으로 일색화하자!'는 구호가 내걸려 있었다.[23]

또한, 2022년 1월 7일 조선중앙TV도 평안북도에서 당중앙위 제8기 제4차 전원회의 결의 관철을 위한 궐기대회가 열렸음을 보도했는데, 이 보도에서도 '전당과 온 사회를 김정은동지의 혁명사상으로 일색화하자!'는 현수막이 내걸려 있었다.

2021년 12월 5일 자 ≪로동신문≫은 '우리식 사회주의의 전면적발전은 사상, 기술, 문화의 3대령역에서의 새로운 혁명이다'라는 제목의 논설을 게재했는데, 논설은 "전당과 온 사회를 경애하는 총비서동지의 혁명사상으로 일색화하는것은 오늘날 사상혁명의 가장 중요한 과업이다. 경애하는 총비서동지의 혁명사상을 신념화, 체질화하도록 하기 위한 사상교양을 한시도 중단함이 없이 더욱 공세적으로 벌리며 대중의 정신력을 계속 고조시켜나갈 때 사회주의건설의 모든 전선에서 새로운 앙양이 일어나고 끊임없는 기적적성과들이 이룩되게 될것"이라며 '전당과 온 사회를 총비서 동지의 혁명사상으로 일색화'하는 것이 '오늘의 사상혁명의 가장 중요한 과제'라고 지적했다.

---

23 조선중앙TV, 2021.12.4. 20시 뉴스.

조선중앙TV 12월 4일 오후 8시 뉴스

　나아가 조선노동당은 2021년 12월 27일부터 31일까지 당중앙위원회 제
8기 제4차 전원회의를 개최하고 그 결과를 2022년 신정 '보도' 형태로 발표
했다.

　이 보도 중에 "인민군대에서는 전군을 당중앙의 혁명사상으로 일색화하
고 당중앙의 령도에 절대충성, 절대복종하는 혁명적당군으로 강화하기 위
한 사업을 끊임없이 심화시켜나가며 훈련제일주의와 무기, 전투기술기재
들의 경상적동원준비, 강철같은 군기확립에 총력을 집중하여야 한다"는 부
분이 있었다.

　당중앙위원회 전체회의 결과를 발표하는 '보도'에서 '전군을 당중앙의 혁
명사상으로 일색화'할 것이 요구되었다. 앞에서 언급했듯이 '당중앙'이란
'김정은 총비서'를 말하며 '전군을 김정은 총비서의 혁명사상으로 일색화'
할 것을 요구했던 것이다.

　조선노동당은 2021년 1월 개최한 당대회에서 당규약을 개정해 그동안

조선중앙TV 1월 7일 20시 뉴스

"조선노동당은 위대한 김일성-김정일주의를 유일한 지도사상으로 하는 주체형 혁명적당이다"로 되어 있던 것을 "김일성-김정일주의는 주체사상에 기초하여 전일적으로 체계화된 혁명과 건설의 백과전서이며 인민 대중의 자주성을 실현하기 위한 실천투쟁속에서 그 진리성과 생활력이 검증된 혁명적이며 과학적인 사상이다", "조선로동당은 위대한 김일성-김정일주의를 유일한 지도사상으로 하는 주체형의 혁명적당이다", "조선로동당은 온 사회의 김일성-김정일주의화를 당의 최고강령으로 한다"고 개정했다. 즉, '김일성-김정일주의'가 어떠한 사상인지를 설명하고, 조선노동당은 '온 사회의 김일성-김정일주의화'를 '당의 최고강령'임을 일부러 덧붙인 셈이다.

그러나 2021년 말에 일어나고 있는 현상은 '김일성-김정일주의'가 '유일한 지도사상'이 아니라 '위대한 김정은동지의 혁명사상'이 등장해 '온 사회의 김일성-김정일주의로 일색화'하는 것이 아니라 '전당과 온 사회를 김정은동지의 혁명사상으로 일색화'할 것을 요구하고 있다.

'일색화'라는 것은 하나의 이념이어야 하는 것이지만, 북한에서 현재 진행되고 있는 현상은 여전히 '김일성-김정일주의'를 중심적인 이념으로 하면서도 '김정은동지의 혁명사상'이 급속히 대두하고 있다는 인상을 준다.

'김일성-김정일주의'를 순수이념화하고 '위대한 김정은동지의 혁명사상'을 실천이념으로 보는 견해도 있을 수 있지만, 이는 역시 부자연스럽다.

북한의 지도이념은 우선 '주체사상'이 만들어지고 김정일 총비서가 그 '주체사상'을 '김일성주의화'함으로써 지도이념을 통치이념으로 바꿨다. 어디까지나 '주체사상'이 순수이념이고, '김일성주의'는 김정일 총서기가 자신의 후계체제를 만들기 위해 통치이념화한 작업이었다.

김정은 정권이 시작되었을 때 '김일성-김정일주의'를 지도이념으로 출발했지만, '김일성-김정일주의'란 무엇인가 하는 사상적인 핵은 부재했다. 그렇기 때문에 '자주', '선군', '사회주의'라는 아이템으로 그 사상적인 핵을 대변하게 했다.

일반적으로 생각하면 '김일성-김정일주의'의 사상적인 핵은 결국은 '주체사상'과 '선군사상'이다. 그러나 김정은 시대의 지난 10년의 특색은 '선군'으로부터의 이탈이었다. '선군'은 1990년대 고난의 행군 시기라는 '비상시'의 사상이며, 국가가 정상화되면 사상도 비상시의 사상에서 벗어나서 정상화해야 한다. '김일성-김정일주의'는 김정은 정권이 이미 과거의 것으로 '역사화'하려 하는 '선군사상'을 내포한 이데올로기로 국가를 정상화하기 위해서는 '선군', 즉 '김정일주의'는 필요 없어진다.

더 말하자면 '김일성-김정일주의'는 할아버지와 아버지의 이념이며, 김정은의 이념이 아니다. 김정은은 자신의 사상적인 핵을 만들어야 한다. 아마도 그것은 '인민대중제일주의'일 것이다.

김정은 정권은 '우리 국가제일주의'를 제창하고 그것을 정식화했을 때 김정일 총비서가 제창한 '우리 민족제일주의'를 부정하지 않았고 부정할 수도 없었다. 김정은 정권이 취한 방법은 '우리 국가제일주의'는 '우리 민족제일 주의'를 승화·발전시킨 것으로 정의하는 것이었다.

아직 작업을 시작했을 뿐이며, 방향성은 명확하지 않지만 '김일성-김정 일주의'를 '김정은동지의 혁명사상'으로 승화·발전시키려고 할 가능성이 있는 것처럼 보인다. 다만, '김일성-김정일주의'를 '김정은주의'로 승화·발 전시키는 것이라면 알기 쉽지만, '김정은동지의 혁명사상'으로의 승화·발 전은 기묘하다. 이것은 '김정은주의'로 할 경우 '김일성-김정일주의'를 부정 하고 '김정은주의'로 바꾸려 한다는 인상을 주기 때문에 이것을 피하기 위 한 것이 아닐까 생각된다. '김정일동지의 혁명사상'이라는 말을 사용함으로 써 '김일성-김정일주의'와의 대립적 인상을 회피하려는 목적이 있는 것은 아닐까 생각된다.

또한, '김정은동지의 혁명사상'도 '총비서동지의 혁명사상'이라든가 '당 중앙의 혁명사상'이라든가 하는 표현방법도 사용되고 있다. 이것도 '김일성 -김정일주의'와의 공존을 쉽게 하기 위한 것일 것이다.

'인민대중제일주의'의 딜레마

≪로동신문≫ 등 북한 언론의 김정은 총비서에 대한 '수령' 호칭 사용 빈 도는 그때그때 편차가 있다. 북한 주민들에게 '어버이 수령님'과 '수령님'은 여전히 김일성 주석이다. 조선중앙TV 등의 주민 인터뷰 등을 보고 있어도 김정은 총비서에 대해 '수령님'이란 호칭을 사용하는 사람은 아직 필자는 확인할 수 없었다. 북한 주민에게 김정은은 아직은 '원수님', '총비서동지' 등이 익숙한 것 같다.

당 기관지 ≪로동신문≫은 2022년 1월 11일 '당중앙의 두리에 천만이 굳게 뭉친 일심단결의 불가항력으로 더 큰 승리를 이룩해나가자'는 제목의 사설을 게재했다. 사설은 "전체 인민이 수령의 두리에 한마음한뜻으로 굳게 뭉치고 수령의 사상과 령도를 충직하게 받들어나가는것은 주체조선특유의 자랑스러운 국풍이다. 오직 수령만을 절대적으로 믿고 따르며 수령과 사상과 뜻, 발걸음을 같이하는 위대한 단결의 힘이 있었기에 우리 혁명은 력사의 생눈길을 굴함없이 헤치며 승승장구하여올수 있었다. 수령의 령도따라 혁명위업의 승리를 위해 불사신같이 투쟁하는 인민에게는 타승 못할 강적이 없고 이루지 못할 대업이 없다는것이 장구한 조선혁명사가 가르치는 고귀한 진리"라고 지적했다. 이 시기의 사설로는 눈에 띄게 '수령'을 강조하면서 수령 주변에서 단결할 것을 주장했다.

나아가 "경애하는 김정은동지의 혁명사상으로 튼튼히 무장하여야 한다. 경애하는 김정은동지의 혁명사상은 우리 시대 혁명과 건설의 위대한 실천강령"이라고 주장했다. 또한 "경애하는 총비서동지의 혁명사상, 위대한 투쟁강령이 있기에 우리의 승리는 확정적이라는 철석의 신념을 안고 당이 가리킨 진군방향을 따라 전진 또 전진해나가야 한다"며 "전당과 온 사회에 당중앙의 유일적령도체계를 더욱 철저히 세워 우리 혁명대오를 경애하는 총비서동지와 사상과 뜻, 행동을 같이하는 하나의 생명체로 만들어야 한다"라고 말했다.

또한, 2022년 1월 25일 평양에서 '경애하는 김정은동지의 위대성과 불멸의 업적을 깊이 체득하기 위한 중앙연구토론회'가 개최되었다.[24] 김정은 사상부문에 대한 연구토론회가 개최된 것은 이것이 처음이 아닐까 생각되었다.

연구토론회에는 리일환 당비서, 강윤석 최고인민회의 상임위원회 부위원

---

24 "우리 당의 위대한 혁명사상과 불멸의 업적을 깊이 체득하고 사회주의의 전면적발전을 이룩해나가자-중앙연구토론회 진행", ≪로동신문≫, 2022.1.26.

장, 한창순 김일성 군사종합대학총장, 김승찬 김일성종합대학총장 겸 교육위원회고등교육상, 심승건 사회과학원원장, 리성학 부총리 등이 참가했다.

연구토론회에서는 김정은이 "위대한 수령님(김일성주석)과 위대한 장군님(김정일 총비서)의 혁명사상을 김일성-김정일주의로 정식화"하고 "온 사회의 김일성-김정일주의화를 우리 당과 공화국정부의 최고강령으로, 사회주의국가건설의 총적방향, 총적목표로 제시하심으로써 주체혁명위업의 종국적완성을 위한 진로를 뚜렷이 명시해주시였다"고 칭찬했다.

김정은이 내세운 '인민대중제일주의'와 '우리 국가제일주의'의 의의를 강조했다. 그리고 "우리 국가제일주의 시대는 경애하는 총비서동지께서 인민대중제일주의를 당과 국가의 정치리념으로 내세우시고 우리 공화국을 존엄높은 인민의 나라로, 사상적일색화가 실현된 일심일체의 나라로 더욱 빛내여주심으로써 도래한 주체혁명의 새시대"라면서 '인민대중제일주의'와 '우리 국가제일주의'의 관계성을 규정했다.

나아가 김정은은 "누구도 따를수 없는 담대한 배짱과 세련된 령도로 자위적국방건설의 급속한 발전을 이끄시여 우리 조국의 영원무궁한 안녕과 미래를 굳건히 담보해갈수 있는 절대적인 힘을 마련해주었다"면서 "어떤 값비싼 대가를 치르더라도 기어이 강력한 국가방위력을 마련하여 내 나라의 하늘을 영원히 푸르게 하려는 철석의 의지"를 칭송했다.

이 토론연구회의 내용을 보아도 북한이 곧바로 '김정은혁명사상'이나 '김정은주의'로 향하지 않고 현시점에서는 여전히 '김일성-김정일주의'를 최고 강령에 내세우고 있다는 것을 알 수 있다.

그리고 김정은의 10년 집권 기간의 사상이론적 성과로 '인민대중제일주의'와 '우리 국가제일주의'를 '김일성-김정일주의'의 양륜과 같은 실전이념으로 하고 있다는 것을 이해할 수 있다. 그리고 이를 뒷받침하고 있는 10년간 최대의 실적으로 '국방력 강화'를 꼽고 있다.

2021년 1월 제8차 당대회가 가진 큰 의미 중 하나는 김정은이 지금까지 '영원한 결번'으로 남겨두었던 아버지와 할아버지와 같은 '당 총비서' 직책에 취임함으로써 아버지나 할아버지와 비슷한 지도자의 지위에 서는 것이었다. 그리고 이를 전후하여 김정은은 불과 30대 후반에 '수령'의 지위에 앉았다. '수령'의 자리에 앉는 것은 '새로운 사상'의 틀이 요구된다. 김정은은 당분간 '김일성-김정일주의'라는 최고 강령을 유지하면서도 '인민대중제일주의'와 '우리 국가제일주의'를 양륜으로 '김정은동지의 혁명사상'을 체계화하는 작업을 진행하고 있는 것처럼 보인다. 당분간 2026년에 예정된 제9차 당대회까지 이 작업이 어느 정도까지 진척될지 알 수 없다. 김정은은 집권 10년 만에 '유일적 영도체계 확립'이라는 절대적인 권력 강화에 성공했다.

북한은 아직 '김일성-김정일주의'를 지도이념으로 한다는 것을 공식적으로 유지하고 있다. '김정은동지의 혁명사상'으로의 대체 작업은 현재진행 중이며, 시작한 지 얼마 되지 않았다. 정식화까지는 시간이 더 걸릴 것이다.

첫째, '김정은동지의 혁명사상'을 보다 깊은 내용을 가진 것으로 사상화하는 작업이 아직 불충분하다. 그 내용을 이루는 인민대중제일주의와 우리 국가제일주의, 국방력 강화를 어떻게 관련시키고, 어떻게 자리매김하고, 친인민적인 사상으로 심화시킬 것인가 하는 작업에는 아직 시간이 더 필요할 것이다.

그리고 무엇보다 아직 '인민생활의 향상'이 실현되지 않았다. 아마도 '김일성-김정일주의'를 '김정은동지의 혁명사상'으로 대체하려면 그 주된 사상적 기반이 '인민대중제일주의'인 이상 '인민생활의 향상'을 어느 정도 실현할 것인가 하는 문제와 밀접하게 관련될 것이다. '국방력 강화'라는 성과만으로는 '수령'의 새로운 사상은 실현되지 않는다. '인민대중제일주의'의 최대 명제는 '인민생활의 향상'이다. 이것이 실현되어야 김정은은 '김일성-김정일주의'라는 아버지, 할아버지의 사상적 틀을 벗어나 자신의 '혁명사상'을 정식화하는 것이 가능해진다. 강권을 가지고 그것을 하는 것은 가능하지만, '인민생활의 향상' 없는 '인민대중제일주의'는 진정한 의미에서 인민의 지지를 얻지 못할 것이다.

제11장

"경애하는 김정은동지의 혁명사상은
위대한 김일성-김정일주의의 빛나는
계승이며 심화발전이다"

북한에서는 2022년에 들어서자 '김정은동지의 혁명사상'을 강조하는 캠페인이 이어졌다. 그리고 '김정은동지의 혁명사상'은 '김일성-김정일주의'와 대립하는 것이 아니라, '김일성-김정일주의'의 본질인 '인민대중 제일주의'를 이론적·실천적으로 밝힌 것이라고 하는 정리가 진행되었다. 그것은 김정은 집권 10년을 맞이한 지도이념의 정리이기도 했다.

당 기관지 ≪로동신문≫은 2022년 3월 27일 자 사설 '당중앙의 혁명사상으로 튼튼히 무장하고 철저히 구현해나가자'에서 "당중앙의 사상을 놓침없이 섭취하고 철저히 구현하는것은 전당과 온 사회에 경애하는 총비서동지의 유일적령도체계를 더욱 철저히 확립하기 위한 필수적요구"라면서 김정은 총비서의 혁명사상을 체득하는 것이 김정은 총비서의 '유일적령도체계' 확립을 위한 필수적 요구라고 지적했다. 그리고 "총비서동지의 혁명사상은 우리식 사회주의의 전면적발전을 위한 불멸의 대강이며 우리 인민의 삶과 투쟁의 교과서"라고 주장했다.

또한, 김정은 총비서는 3월 28일 조선로동당 제1차 선전부문일군강습회 참가자들에게 '서한'을 보냈다. 당 선전선동부문의 활동가를 모아 처음으로 개최한 강습회는 북한의 사상교육 중시를 보여주는 것이었지만, 김정은은 '형식주의를 타파하고 당사상사업을 근본적으로 혁신할데 대하여'라는 제목의 '서한'에서 당의 사상 선전을 담당하는 당 선전선동부의 움직임이 둔하다고 비판했다.

김정은 총비서는 이 서한에서 "사상이 모든것을 결정하며 사람들의 사상을 발동하면 못해낼 일이 없다는 주체의 사상론은 오늘도 앞으로도 영원히 우리 당의 혁명령도원칙, 통치철학으로서의 정당성과 생활력을 남김없이 과시할것입니다"라며 "주체의 사상론을 변함없이 틀어쥐고나가는 우리 당에 있어서 사상사업은 당사업의 중핵중의 핵입니다"라고 해서 '주체의 사상론'을 강조했다. 그리고 "사상제일주의, 바로 이것이 난국을 타개하고 새 승리를 이룩할수 있게 하는 근본비결이며 조선로동당의 고유한 혁명방식입니다. 사상의 위력으로 혁명의 승리적전진을 추동하고 굳건히 담보하기 위하여 당중앙위원회는 사상전선에 첫째가는 의의를 부여하고있습니다"라고 말하면서 '사상제일주의'를 강조했다.

김정은 총비서는 이 서한에서 "전당과 온 사회를 당중앙의 혁명사상으로 일색화한다는것은 한마디로 당중앙의 사상과 의도가 모든 사회성원들의 투쟁과 생활속에 유일적으로 지배하게 만든다는것을 의미한다"면서 스스로 '당중앙(김정은 총비서)의 혁명사상으로 일색화'하는 것의 중요성을 언급했다. 그리고 "당중앙의 혁명사상으로 전당과 온 사회를 일색화하는 위업은 사상사업에서 일대 혁명을 일으킬것을 절박하게 요구하고있습니다"라고 강조하며 '당중앙의 혁명사상으로 전당과 온 사회를 일색화'할 것을 요구했다.

김정은 총비서는 서한에서 "사상교양에서 기본은 위대성교양, 충실성교양입니다"라고 하면서 "일군들과 당원들과 근로자들속에 당의 위대성을 깊이 심어주고 그 령도를 충직하게 받들어나가도록 교양하는것을 떠난 사상적일색화는 빈말공부에 지나지 않습니다"라고 단언하고 '위대성교양'과 '충실성교양'의 관철을 요구했다. 즉, '당중앙의 혁명사상으로 전당과 온 사회를 일색화한다'는 것은 인민이 '수령'의 '위대성'을 깊이 스스로 새겨, '수령'에 '충실성(충성)'을 바치는 것이라는 '통치 이데올로기'가 된다.

또 "혁명사적교양, 당의 령도업적을 통한 교양은 우리 당사상사업의 뿌리이며 사상교양은 이로부터 시작된다고 말할 수 있습니다. 혁명사적사업, 령도업적을 통한 교양이자 혁명전통교양이고 위대성교양, 충실성교양입니다"라며 최고지도자의 현지지도 등 실적학습이나 당 실적 학습을 포함한 '혁명전통교양'을 '위대성교양', '충실성교양'과 같은 중요한 교양으로 강조했다.

조선노동당은 2021년 1월의 제8차 당대회에서 '사상교양활동'의 '5대교양'을 그동안의 '위대성교양, 김정일애국주의교양, 신념교양, 반제계급교양, 도덕교양'에서 '혁명전통교양, 충실성교양, 애국주의교양, 반제계급교양, 도덕교양'으로 바꿨다.

'반제계급교양, 도덕교양'은 남고 나머지 '위대성교양, 김정일애국주의교양, 신념교양'이 '혁명전통교양, 충실성교양, 애국주의교양'으로 바뀌었다. '위대성교양'은 당규약에서 사라졌지만 충실성 교양을 뒷받침하는 사상교양으로서 실체적으로는 '충실성교양' 안에 내포되었다는 것이다.

또, 이 서한에서도 '인민대중제일주의'와 '우리 국가 제1주의'의 중요성이 강조되었다.

리일환 당 비서가 이 강습회에서 보고를 했으며, 보고는 "전당과 온 사회를 김일성-김정일주의화하는 것은 현시기 우리 당사상사업의 기본임무이며 총적목표입니다"라고 설명하고 "당선전부문 일군들이 경애하는 총비서동지의 혁명사상으로 전당과 온 사회를 일색화하는 성스러운 위업수행에서 전위투사가 되는 것"을 강조했다.

이 보고에서는 당 선전부문의 활동가들에게 '전당과 온 사회를 김일성-김정일주의화'하는 것을 기본임무로 하면서 동시에 '김정은 총비서의 혁명사상으로 전당과 온 사회를 일색화하는 성스러운 위업의 수행'을 요구했다. '김일성-김정일주의'와 '김정은 총비서의 혁명사상'을 대립적으로 파악하지 않고 '김일성-김정일주의'의 바탕 위에서 김정은 총비서의 혁명사상에 의한 일색화가 있을 수 있는 것처럼 읽을 수 있다.

조선로동당 제1차 선전부문일군강습회는 3월 30일 폐강했는데, ≪로동신문≫(3월 31일 자)은 "강습에서는 전당과 온 사회를 경애하는 김정은동지의 혁명사상으로 일색화하는것을 당사상사업의 총적방향, 총적목표로 틀어쥐고나갈데 대하여 강조되었다"고 했다. 그리고 "탁월한 사상리론활동으로 위대한 김일성-김정일주의의 본질을 인민대중제일주의로 정식화하시고 그에 기초하여 인민의 리상사회를 건설하는데서 나서는 리론실천적문제들을 전면적으로 밝혀주신 경애하는 김정은동지의 혁명사상으로 전당과 온 사회를 일색화하는 사업의 본질적내용과 중요성에 대하여 언급하였다"고 정리했다.

즉, '김정은동지의 혁명사상'이란 '김일성-김정일주의의 본질'인 '인민대중제일주의'를 건설하기 위한 "이론적·실천적 문제를 전면적으로 밝힌" 것이라고 자리매김했다.

≪로동신문≫은 이 31일 자 기사에서 당의 사상활동을 '김정은동지의 혁명사상으로 일색화'하는 방향으로 추진해 나가는 것을 확인했다.

그리고 "우리 당사상사업은 전체 인민을 수령의 혁명사상으로 무장시켜 사회주의정치사상진지를 튼튼히 다지고 대중의 정신력을 높이 발양시키기 위한 사업이라고 하면서 현시기 당사상사업에서 견지하여야 할 원칙과 과업들을 구체적으로 해설하였다"고 했다.

나아가 "온 나라가 당중앙과 사상과 뜻, 행동을 같이하는 하나의 생명체로 되게 하는데 당사상사업의 화력을 총집중하며 이를 위한 단계별계획을 구체적으로 세우고 모든 공정과 계기들에 철저히 구현하여야 할것이라고 지적하였다"고 했다. 이것은 김정일 총비서가 제창한 '사회정치적생명체론'과 겹치는 주장이다.

그리고 "온 사회의 김일성-김정일주의화강령선포 10돐이 되는 력사적인 해에 열린 조선로동당 제1차 선전부문일군강습회는 사회주의건설의 새로운 발전단계의 요구에 맞게 당사상사업을 근본적으로 혁신하여 주체혁명의 승리적전진을 힘있게 추동하는데서 획기적의의를 가지는 중요한 전환의 리정표로 되었다"고 주장했다.

이러한 보도를 보면, 조선로동당의 당면 목표는 '김정은동지의 혁명사상'으로 사회를 '일색화'하는 것이지만, 그것은 '김일성-김정일주의'의 틀 안에서의 작업으로 하려는 것처럼 보였다.

"위대한 김정은동지의 혁명사상으로 철저히 무장하자!"

당 기관지 ≪로동신문≫은 4월 4일 자 1면 머리기사에 "위대한 김정은동지의 혁명사상으로 철저히 무장하자!"라고 적혀 있는 횡단막의 사진을 게재하고, 그 아래에 '당중앙의 혁명사상을 만장약할 때 못해낼 일이 없다'는 제목의 논설을 게재했다. ≪로동신문≫이 김정은의 혁명사상에 관한 구호를 1면 머리사진으로 게재하는 것은 처음이 아닐까 한다.

이 논설은 "위대한 김정은동지의 혁명사상으로 철저히 무장하자!", "위대한 우리 국가의 부흥을 위한 투쟁, 사회주의건설의 전면적발전을 위한 과감한 공격전이 힘차게 벌어지는 온 나라 그 어디서나 볼수 있는 이 신념의

당 기관지 ≪로동신문≫의 4월 4일 자 1면 머리기사. "위대한 김정은동지의 혁명사상으로 철저히 무장하자!"

구호"라고 지적하고 이 시점에서 이 구호가 전국 어디에서나 볼 수 있는 구호가 되고 있다고 했다.

논설은 "시련을 이겨내며 기적적승리만을 떨쳐온 지난 10년간 위대한 당중앙의 혁명사상이 천만의 심장속에 피방울처럼 흘러들었다"고 지적했다. "지금과 같은 어려운 조건과 환경에서" 시련을 이겨온 것은 '김정은동지의 혁명사상'의 덕분이라고 주장했다. "위대한 김정은동지의 혁명사상이야말로 무에서 유를 창조하고 역경을 순경으로 길들이며 승리와 영광의 한길로만 힘차게 나아갈수 있게 하는 휘황한 등대이고 만능의 보검"이라고 했다.

≪로동신문≫ 4월 8일 자 논설 '경애하는 총비서 동지의 혁명사상은 승리와 번영의 새시대를 펼치는 위대한 힘이다'는 김정은이 2012년 김일성 주석 탄생 100주년 연설에서 "자주의 길, 선군의 길, 사회주의의 길"을 언급

했었다는 것을 말하면서도 지난 10년간 보여준 위대한 사상의 제시와 관련해 '자주의 길'과 '사회주의의 길'은 언급했으나 '선군의 길'은 빼버렸다. 그리고 "김일성-김정일주의는 본질에 있어서 인민대중제일주의이라고 정식화하신" 것, '인민대중제일주의'에 대해 "우리 조국을 년대와 년대를 뛰어넘으며 세기적변혁을 이룩해나가는 기적의 나라, 불패의 강국으로 전변시키는 독창적인 사상들이 태여났다"고 추켜세웠다.

그리고 "심오한 사색과 탐구, 정력적인 사상리론활동으로 위대한 김일성-김정일주의의 보물고를 끊임없이 풍부화하신 그 업적"을 칭송하고, 김정은의 활동은 '김일성-김정일주의 보물고'를 채우는 것이며 '김일성-김정일주의'의 틀 안에서 활동이라는 자리매김을 했다.

'김정은동지의 혁명사상으로 일색화'를 신념의 구호로

평양에서는 2022년 4월 10일 '경애하는 김정은동지께서 우리 당과 국가의 최고수위에 높이 추대되신 10돐경축 중앙보고대회'가 개최되어 대회장인 4·25 문화회관에는 김정은의 큰 초상화가 내걸렸다. 김일성 주석이나 김정일 총비서의 초상화는 없었다. 김정은은 참가하지 않았다.

최룡해 당 정치국 상무위원회 위원이 '위대한 김정은동지의 사상과 령도를 받들어 주체혁명위업을 끝까지 완성하자'라는 제목의 보고를 했다.

최룡해는 보고에서 "경애하는 총비서동지께서는 위대한 김일성-김정일주의를 당의 영원한 지도사상으로, 온 사회의 김일성-김정일주의화를 당의 최고강령으로 선포하시여 우리 당건설과 활동의 불변의 지침을 마련하시고 조선로동당의 혈맥을 천추만대로 이어놓으시였습니다"라고 말했다. 즉, '김일성-김정일주의'를 '당의 영원한 지도사상'으로 삼고 '온 사회의 김일성

-김정일주의화'를 '당의 최고강령'으로 만들었던 것을 업적으로 칭송했다.

"위대한 김일성-김정일주의의 본질을 인민대중제일주의로 규정"하고 "우리 당은 인민대중의 마음속에 깊이 뿌리박고 인민대중과 혼연일체를 이룬 당으로 더욱 강화발전되었습니다"라고 했다. 그리고 '새로운 병진 노선'으로 "국가핵무력완성의 력사적대업을 끝끝내 실현하시였습니다"라고 강조했다.

나아가 "경애하는 총비서동지께서 병진로선의 위대한 승리에 토대한 대담한 로선전환과 령활하고 공격적인 외교전략으로 대국들과의 관계를 새롭게 정립하시고 적대국가들도 우리 국가와 인민을 존중하도록 만드신것은 세상이 경탄하는 불멸의 공적"이라며 2018년부터의 정상외교를 추켜세웠다.

그 위에 "우리는 전당과 온 사회를 김정은동지의 혁명사상으로 일색화하자는 신념의 구호를 높이 들고 우리 당과 혁명대오를 경애하는 총비서동지와 사상과 뜻, 숨결과 발걸음을 같이하는 사상적순결체, 조직적전일체로 튼튼히 다져나가야 합니다"라며 전당과 온 사회를 '김정은동지의 혁명사상으로 일색화'하여 '조직적 전일체'로 튼튼히 다져나가자고 호소했다.

또 "우리 식 사회주의의 정치사상적우월성과 인민적성격을 높이 발양시키고 자립, 자력의 기치밑에 경제건설전반을 지속적으로 상승시키며 인민들에게 유족하고 문명한 생활을 안겨주기 위한 사업을 강력히 추진하여 우리 국가제일주의시대를 만방에 빛내여나가야 할것"이라고 주문했다.

당 기관지 ≪로동신문≫은 4월 19일 '당중앙의 혁명사상으로 전당과 온 사회를 일색화하기 위한 사상공세를 강력히 전개하자'라는 사설을 싣고 김정은 동지의 혁명사상으로 전당, 온 사회를 일색화하자고 호소했다.

사설은 김정은 총비서가 조선로동당 제1차 선전부문일군강습회에 보낸 서한에서 "당중앙(김정은 총비서)의 혁명사상으로 전당과 온 사회를 일색화하는" 것을 '우리 당사상사업의 기본임무'로 제시했다고 지적했다.

동 사설은 "우리 당은 5년을 주기로 한번씩 크게 도약함으로써 멀지 않은 앞날에 전체 인민이 유족하고 문명한 생활을 마음껏 누리도록 하기 위한 웅대한 설계도를 펼치였다"라고 지적하고 "구태의연한 사상관점과 보통의 일본새, 평소의 잡도리로는 우리 당이 제시한 무거운 과업들을 기름진 열매로 주렁지울수 없다"라고 주장했다. '인민생활의 향상'을 실현하려면 "인민대중의 사상정신력을 제일가는 무기로 틀어쥐고 그를 백방으로 발동하여야 한다"고 했다.

"인민의 탁월한 수령"

북한에서는 2022년 4월 말부터 신형 코로나바이러스 감염이 전국으로 확대되었고, 각 도시를 봉쇄함으로써 8월 10일에 '최대 비상 방역전에서의 승리'를 선언했다.

《로동신문》은 8월 20일 자로 '위대한 인민의 어버이 계시기에 우리는 더없이 행복하고 조국은 언제나 굳건하다'라는 제목의 기사를 게재했다. 이 기사는 김정은 총비서가 8월 18일 코로나전에 대응한 '인민군군의 부문의 전투원들'과 회견해 연설을 한 것을 보도한 기사였다.

그 기사는 "우리 인민의 탁월한 수령이시고 자애로운 어버이이신 경애하는 총비서동지를 닮은 군대, 그이의 사상과 의도, 조국과 인민에 대한 무한대의 사랑과 희생정신까지도 자기의 온넋과 심장에 불변의 신념과 의지로 새겨안은 당의 군대이기에 악성비루스격퇴전에서도 백전백승하는 정치사상강군의 진면모를 남김없이 과시한것 아니던가"라고 보도해, 김정은 총비서를 '우리 인민의 탁월한 수령'으로 표현했다.

김정은 총비서에 대해서는 앞서 언급했듯이, '인민의 위대한 수령'이라는 표현이 사용되어 왔지만 김일성 주석이나 김정일 총비서에 사용되어 온 '탁월한 수령'이라는 표현이 이 무렵부터 김정은 총비서에 대해서 명시적으로 사용되기 시작했다. 김정은이 김일성·김정일과 같은 총비서, 수령의 지위를 갖게 되면서, 선대, 선선대에 사용해온 '탁월한 수령'이라는 표현을 사용해, 3대에 걸친 최고지도자의 동격화가 또 하나 진행된 형태다.

≪로동신문≫은 8월 22일, 동태관 기자의 '〈정론〉 탁월한 수령께서 우리를 인도하신다'를 게재했다. 정론은 "경애하는 김정은동지, 그이는 위대한 사상리론의 영재, 천재적인 전략가, 비범한, 절대적인 권위와 강대한 힘을 지니신 현시대의 가장 걸출한 위인이시다. 그이는 인류의 정의와 진리의 최고대표자, 인민의 탁월한 수령이시다"라고 칭찬했다.

동태관 기자는 지금까지도 북한의 이념적인 방향성을 '정론'으로 제시하는 역할을 해왔지만, 이 정론에서 김정은 총서기에 대해 '탁월한 수령'의 표현을 공식화했다고 할 수 있다.

≪로동신문≫은 2022년 12월에 '탁월한 수령의 령도밑에 민족사적사변들을 아로새긴 위대한 승리의 해 2022년'이라는 연재를 12회에 걸쳐 게재해, 코로나 등 미증유의 곤란 속에 있던 2022년을 되돌아보았지만, 그 타이틀은 '탁월한 수령'의 지도를 강조하는 것이었다.

새시대의 당 '5대 건설 방향' 제시, '령도예술' 삭제

김정은 총비서는 '타도제국주의동맹(ㅌㄷ)' 결성 96주년인 10월 17일, 조선노동당 간부양성기관 '당중앙간부학교'를 방문하며 '새시대 우리당건설방향과 조선로동당 중앙간부학교의 임무에 대해'라는 제목의 '기념강의'를 했다. 강의는 김정은 정권의 지난 10년 동안의 당 건설 사업을 되돌아보며 '신시대 우리 당 건설 방향'으로 '5대 건설 방향'을 제시했다. 당 기관지인 ≪로동신문≫은 10월 18일 자로 '주체의 혁명적당건설사에 특기할 불멸의 대강'이라고 제목을 붙이고 강의 내용을 5쪽에 걸쳐 보도하고 이 강의에 대한 당 중앙위원회의 '감사문'도 게재했다.

김정은 총비서는 강의에서 "우리 당은 오늘까지 조직건설, 사상건설, 령도예술건설을 틀어쥐고 실현해옴으로써 전당을 조직사상적으로 강화하고 인민대중을 불러일으켜 막아서는 격난을 과감히 타개하면서 혁명과 건설의 모든 분야에서 위대한 승리를 이룩하였다"고 김일성 시대, 김정일 시대의 당건설의 방향성을 설명했다.

그리고 "우리 당이 지난 10년간 당건설에서 귀중한 성과를 거두었지만 보다 배가된 노력으로 전당 김일성-김정일주의화를 새로운 높은 단계에서 더욱 힘있게 다그쳐나가야 한다"고 강조하고, "정치건설, 조직건설, 사상건설, 규율건설, 작풍건설"을 신시대의 당의 건설방향으로 명시하고, "새로운 5대건설방향, 여기에 새시대의 요구에 맞게 우리 당을 정치적으로 원숙하고 조직적으로 굳건하며 사상적으로 순결하고 규률에서 엄격하며 작풍에서 건전한 당으로 강화발전시켜나갈수 있는 진로가 있다"고 강조했다.

즉, 조선노동당이 지금까지 당건설의 큰 방침은 ① 조직건설, ② 사상건설, ③ 령도예술건설이며, 이를 확실히 실현함으로써 당을 강화해 왔지만, 김정은 시대의 당의 건설방향은 "① 정치건설, ② 조직건설, ③ 사상건설, ④ 규율건설, ⑤ 작풍건설"이라고 했다.

당의 건설 방향으로 '조직건설'과 '사상건설'을 남기고 '영도예술건설' 대신 '정치건설', '규율건설', '작풍건설'을 새로운 방향으로 제시했다.

여기서 주목해야 할 것은 김일성, 김정일 시대를 상징하는 정치지도 방식인 '령도예술'을 당 건설 방향에서 삭제한 것이다.

'령도예술'이란 "인민대중을 조직동원하는 방법과 수완"(『조선어대사전』 1992년 판)이다. 김일성은 '령도예술'에 대해 "령도예술이란 한마디로 말해서 창발성을 내어 일하도독 적극 고무해주며 군중을 발동하여 제기된 문제들을 풀어나가는 것이 바로 령도예술입니다. 군중속에 들어가서 그들의 의견을 귀담아 듣고 그들이 창발성을 내어 일하도독 적극 고무해주며 군중을 발동하여 제기된 문제들을 풀어나가는 것이 바로 령도예술입니다"(『주체사상총서 10』: 영도예술)라고 규정했다.

북한의 백과사전 『조선대백과사전』(간결판)에서는 김일성 주석에 관하여 해외에서 '령도의 천재'라든가 '령도의 예술가 김일성'이라는 책이 출판된 것이 소개되고 있지만, '령도예술'은 김일성 주석의 지도 방법으로 태어난 말이다.

당 건설에서 '령도예술건설'이라는 방침은 최고지도자를 포함하여 간부라는 건 대중 속으로 들어가 대중의 의견을 듣고 대중을 움직여야 한다는 간부의 본연을 당 건설의 중요한 방향성으로 하는 것이다. 게다가 그것은 김일성 주석의 지도 스타일을 원점에 둔 방침이다. 이번에 그것을 삭제했다는 것은 최고지도자나 간부의 자세를 묻는 것이 아니라 당원을 어떻게 김정은 총서기에 충실한 존재로 만들 것인가 하는 당 통제 강화의 움직임으로 읽을 수 있다. '령도예술건설' 대신 제시된 '정치건설', '규율건설', '작풍건설'은 모두 당 통제 강화의 자세를 말하는 것이다.

《로동신문》은 10월 19일 자로 '주체혁명의 새시대 우리 당건설의 독창적인 진로'라는 제목의 논설을 게재했다.

논설은 "우리 당이 지난 10년간 당건설에서 귀중한 성과를 거두었지만 보다 배가된 노력으로 전당김일성-김정일주의화를 새로운 높은 단계에서 더욱 힘있게 다그쳐나가야 한다"고 강조하고 "정치건설, 조직건설, 사상건설, 규률건설, 작풍건설을 새시대 우리 당건설방향으로 명시하시였다"고

했다. "새로운 5대건설방향, 여기에 새시대의 요구에 맞게 우리 당을 정치적으로 원숙하고 조직적으로 굳건하며 사상적으로 순결하고 규률에서 엄격하며 작풍에서 건전한 당으로 강화발전시켜나갈수 있는 진로가 있다"라고 강조했다.

이 새로운 5대 건설 방향의 설정으로 "우리 당을 수령의 당으로, 조직적전일체, 사상적순결체, 행동의 통일체로 더욱 강화발전시켜나갈수 있게 되였다"고, 당을 '수령의 당'으로 조직적 일체화를 강화해 나가겠다고 했다.

논설은 "당안에 정확하고 강력한 규률제도를 수립하고 우리당 특유의 공산주의적작풍이 계속 이어지게 할데 대한 사상리론들은 당의 건전한 발전을 추동하고 인민대중제일주의정치를 철저히 실현해나갈수 있게 하는 고귀한 지침으로 된다"고 하고 '새로운 5대 건설 방향'이 인민대중제일주의정치를 철저히 실현할 수 있는 고귀한 지침이라고 했다.

그러나 대중 속으로 들어가 대중의 의견을 듣고 대중을 움직이는 '령도예술'이 삭제되고 당원이 수령에게 맹목적 충성을 맹세하는 통일체가 되는 것이 '인민대중제일주의'의 기반이라는 논리 구성에는 상당히 무리가 있다. 인민도 당도 수령에 충성을 다하는 하나의 생명체가 된다는 것은 김정일 총비서가 제창한 '사회정치적 생명체론' 그 자체였다. 그것은 '인민대중 제일주의'가 아니라 '수령 제일주의'였다.

김정은 총비서가 '령도예술'을 지우고 그것을 '정치', '규율', '작풍'으로 바꾼 것은 당 건설에서도 자신이 김일성 주석과 김정일 총비서를 뛰어넘으려고 하는 의사의 표시처럼 보였다. 또 '규율'과 '작풍'을 강조하는 것은 당원의 통제 강화를 도모하기 위한 새로운 공세였다.

김정은 총비서가 새로 제기한 당 건설 방향에서 '령도예술'은 사라졌지만 당 기관지 ≪로동신문≫은 10월 29일 자로 '〈새시대 5대당건설방향 해설〉 령도방법을 부단히 발전시키는 것은 정치건설의 중요한 요구'라는 제목의 논설을 게재했다. 이 논설은 "우리당 정치건설에서 중요한 요구의 하나는 혁명과 건설에 대한 령도방법을 부단히 발전시키는 것이다. 지도와 대중을 옳게 결합시키는것은 당의 정치적령도에서 언제나 필수적인 문제로 나선다"고 하면서 "령도방법을 부단히 발전시키는것"은 새로운 건설방법에 들어간 '정치건설'에서의 '중요한 요구'라고 했다. 이 해설 기사에는 '령도예술'이라는 말은 사용되지 않고, '령도방법'이란 말을 사용해 "령도방법이란 당이 사람과의 사업을 하는 방법, 사람을 움직이는 방법이다. 옳바른 령도방법에 의해서만 군중과의 련계를 보다 긴밀히 하고 그들의 혁명적열의와 창조적적극성을 불러일으켜 혁명과 건설을 승리적으로 전진시켜나갈수 있다"고 했다.

그때까지 '령도예술'이라는 말을 사용했던 것을 '령도방법'으로 바꿔 그 방법을 김정은 총서기가 제창한 '5대 건설 방향' 중 하나인 '정치건설'의 중요한 부분이라고 강조한 셈이다. 선대, 선선대가 사용한 '령도예술'이라는 말을 '령도방법'으로 바꿔 그 방법은 계승하지만, 그것을 김정은 총서기가 규정한 '정치건설'이라는 틀에서 계속해 나가는 것을 보여주는 해설이었다.

'김정은동지의 혁명사상'은 '김일성-김정일주의'의 '계승, 심화, 발전'

≪로동신문≫은 10월 25일 '경애하는 김정은동지는 탁월한 사상리론으로 혁명을 승리에로 이끄시는 위대한 수령이시다'라는 제목의 논설을 일면 모두를 사용해 게재했다.

그때까지 ≪로동신문≫을 비롯한 북한 언론은 "전당과 온 사회를 김일성-김정일주의로 일색화하자"고 하면서 한편으로 "전당과 온 사회를 김정은동지의 혁명사상으로 일색화하자"는 슬로건을 내걸어 왔다. '전당과 온 사회'를 '김일성-김정일주의'로 일색화할지, '김정은동지의 혁명사상'으로 일색화할지 이해하기가 힘든 상황이었다. 어떤 의미에서 사상 분야에서의 '김일성-김정일주의'와 '김정일동지의 혁명사상'의 '병진노선'과 같은 인상을 주었다.

그러나 《로동신문》 10월 25일 자 논설은 이 문제에 해답을 주었다. 이 논설은 "경애하는 김정은동지의 혁명사상은 위대한 김일성-김정일주의의 빛나는 계승이며 심화발전이다"라고 정의했다. 이 정의에 의해 '김정은동지의 혁명사상'은 '김일성-김정일주의'와 대립하는 것이 아니라 그것을 '계승, 심화, 발전'시킨 것으로 하여 그 병존을 가능하게 했다. 한편, 현 단계에서는 당의 지도이념은 '김일성-김정일주의'이지만 앞으로는 '심화·발전'시킨 '김정은동지의 혁명사상'으로 대체할 가능성을 시사했다고도 할 수 있었다. 그러나 그러므로 이 작업은 아직 진행 중이다.

이는 한때 김정은이 '우리 국가제일주의'를 제창했을 때 김정일이 제창한 '우리 민족제일주의'와의 관계성을 어떻게 할 것인가 하는 문제에 직면했을 때의 경험을 원용한 것으로 보였다.

북한은 '우리 국가제일주의'는 '우리 민족제일주의'를 '승화·발전'시킨 것으로 함으로써 '우리 민족제일주의'를 부정하지 않고 김정은 시대의 지도이념을 '우리 민족제일주의'에서 '우리 국가제일주의'로 대체해 갔다.

논설은 "희세의 사상리론가이신 경애하는 김정은동지께서 계시여 우리 당과 혁명의 지도사상인 김일성-김정일주의가 더욱 발전풍부화되고 우리나라는 시대사상의 조국, 존엄높은 정치군사강국으로, 우리 인민은 백절불굴하는 혁명적인민으로 만방에 위용떨치고 있다"고 했다.

논설은 "경애하는 총비서동지의 령도따라 진군하여온 나날은 그 한걸음 한걸음이 상상을 초월하는 모진 도전과 난관의 련속이였다"고 하면서 "가증되는 위협과 봉쇄속에서 나라의 존엄과 지위가 민족사상 최상의 경지에 올라서고 자존과 번영의 새시대, 우리 국가제일주의시대가 탄생한것은 력사의 기적이다"라고 칭찬했다.

'김정은동지의 혁명사상'의 체계화

북한 언론에서는 김정은 정권의 공식적인 시작부터 10주년인 2022년 4월 전후에 '김정은동지의 혁명사상'을 강조하는 논설이 당 기관지 ≪로동신문≫ 등에 다수 발표되었다.

김정은은 정권 출범 당시인 2012년 4월 6일에 한 '4·6담화'에서 "조선노동당의 지도사상은 위대한 김일성-김정일주의이다"며 자신의 지도이념으로 '김일성-김정일주의'를 제시하고 조선노동당은 '김일성-김정일주의당'이라고 정식화했다.

또한 조선노동당은 2016년 5월 제7차 당대회의 당규약 개정에서 "조선로동당은 위대한 김일성-김정일주의를 유일한 지도사상으로 하는 주체형의 혁명적당이다"고 규정했다.

그리고 2021년 1월의 제8차 당대회의 규약 개정에서도 "김일성-김정일주의는 주체사상에 기초하여 전일적으로 체계화된 혁명과 건설의 백과전서이며 인민 대중의 자주성을 실현하기 위한 실천투쟁속에서 그 진리성과 생활력이 검증된 혁명적이며 과학적인 사상이"라고 규정하고, "조선로동당은 위대한 김일성-김정일주의를 유일한 지도사상으로 하는 주체형의 혁명적당이다"라며 '김일성-김정일주의'를 유일한 지도이념으로 해왔다.

2021년 들어 등장한 '김정은동지의 혁명사상'이 '김일성-김정일주의'를 대체하는 것이 아닌가 하는 견해도 대두했다. 그러나 상황은 그렇게 단순하게 진행되지 않았다.

조선중앙통신이 2023년 1월 19일, 각지의 농촌에서 완성된 새 집에 입주가 시작되었다는 보도와 관련해 게재한 사진. 왼쪽에 '위대한 김일성-김정일주의 만세!', 오른쪽에 '우리당과 국가, 무력의 위대한 수반인 김정은동지 만세!' 슬로건

　한국의 정보기관인 국가정보원은 2022년 10월 28일 국회정보위원회에서 북한에서는 당 회의실 등에서 김일성 주석과 김정일 총비서의 사진을 제거하고 북한 내부에서 '김정은주의'라는 말이 사용되기 시작했다고 보고했다. 그러나 이 글 집필 시점까지 ≪로동신문≫ 등 북한의 공식 미디어에 '김정은주의'라는 말은 등장하지 않았다.

　2022년 4월 전후에 급속히 떠오른 '김정은동지의 혁명사상' 캠페인은 그후 다소 진정된 것처럼 보인다. 최근에는 '위대한 김일성-김정일주의 만세!'와 함께 내걸린 슬로건이 '김정은동지의 혁명사상 만세!'에서 '우리당과, 국가, 무력의 위대한 수반인 김정은동지 만세!'로 바뀌었다.

　김정은 총비서도 10월 18일 당 중앙간부학교에서 실시한 기념강의에서 "전당을 김일성-김정일주의화하기 위한 10년간의 투쟁행정은 우리 당의 존립과 전도에 있어서 제일 관건적이고 결정적인 년대였다"고 말해 자신의 그때까지의 집권 10년은 "전당을 김일성-김정일주의화하기 위해 투쟁도정"이었다고 했다.

　강의에서는 자신의 정권이 되어 최초의 중대한 당 기관회의였던 2012년

2022년 12월에 열린 조선노동당 중앙위원회 제8기 제6차 전원회의 회장에 내걸린 '전당과 온 사회를 김일성-김정일주의화하자!'의 슬로건

4월 제4차 당 대표자회에서 "혁명위업계승의 력사적과제가 전면에 나선데 맞게 계승성이 철저한 당의 지도사상과 최고강령을 확정하고 그 실현을 확신성있게 령도할수 있는 새 지도부를 구성하였습니다"라고 하면서 "우리 당은 새로운 주체100년대의 첫 출발선에서 김일성-김정일주의당건설위업을 드팀없이 계승해나갈수 있는 확고한 정치적, 조직사상적담보를 구축하게 되었습니다"고 규정했다.

강의에서는 2016년 5월 제7차 당대회를 "존엄높은 김일성-김정일주의당으로 건설되여온 전투적행로를 긍지높이 총화하고 혁명발전의 요구에 맞게 당의 혁명적성격을 더욱 강화하며 령도적역할을 끊임없이 높이기 위한 투쟁과업을 제시했다"고 평가했다.

2021년 1월의 제8차 당대회는 "당의 령도력과 전투력을 백방으로 강화하는데서 새로운 혁명적전환을 가져왔습니다"고 했다.

2022년 12월 말에 열린 조선노동당 중앙위원회 제8기 제6차 전원회의 회장에 내걸린 메인 슬로건은 '전당과 온 사회를 김일성-김정일주의화하자!'였고 '전당과 전사회를 김정은 동지의 혁명사상화하자!'가 아니었다.

북한은 2022년 10월 '김정은동지의 혁명사상'은 '김일성-김정일주의'를 '계승, 심화, 발전'시킨 것이라는 정의를 했지만 아직 '김정은동지의 혁명사상'을 '김일성-김정일주의'로 대체하는 단계가 아니라는 인식으로 보였다. 북한은 '김일성-김정일주의'라는 테제를 유지하면서 그 테제 안에서 '김정은동지의 혁명사상'으로 전당, 온 사회의 일색화를 진행시킨다는 움직임을 강화하고 있다. 이것이 장래 '김일성-김정일주의'를 과거의 이념으로 역사화해 '김정은동지의 혁명사상' 혹은 '김정은주의'로 바꿀 것인지는 아직 불투명하다. 당분간은 2026년에 개최될 것으로 보이는 제9차 당대회를 향해 점차 '김정은 색'을 강화해 나갈 것으로 보인다.

그 대체를 하기 위해서는 '김정은동지의 혁명사상'을 체계화할 필요가 있었다. 2022년 ≪로동신문≫ 등에 나온 각종 논설은 김정은 총서기가 지난 10년간 제기한 다양한 사상적인 실적을 열거하면서 이 체계화가 앞으로의 과제임을 시사했다.

리일환 당 비서는 2022년 3월 28일부터 30일까지 열린 조선노동당 제1차 선전부문 일군 강습회의 보고에서 "경애하는 김정은동지께서 제시하신 우리 혁명의 백년대계의 전략과 김정일애국주의에 관한 사상, 인민대중제일주의정치와 우리 국가제일주의에 관한 사상, 사회주의의 전면적발전에 관한 사상을 비롯한 독창적인 사상리론들은 우리식 사회주의를 고수하고 새로운 승리를 이룩하기 위한 력사적진군에로 전체 인민을 조직동원하는 필승의 대강으로, 위력한 무기로 되었다"며 체계화의 대상으로 ①'우리 혁명의 백년 대계의 전략', ②'김정일 애국주의에 관한 생각', ③'인민대중 제일주의의 사상', ④'우리 국가 제일주의에 관한 사상', ⑤'사회주의의 전면적 발전에 관한 사상 등을 거론했다.

≪민주조선≫ 4월 28일 자 논설 '경애하는 김정은동지의 혁명사상으로 만장약하고 살며 투쟁하는 길에 공화국의 승리적전진이 있다'는 지난 10년

간 김정은 총서기의 사상적 실적으로 ① 온 사회의 김일성-김정일주의화 강령, ② 김정일애국주의에 관한 사상, ③ 경제건설과 핵전력건설을 병진 시키는 노선, ③ 전민과학자화사상, ④ 정면돌파전사상, ⑤ 사회주의의 전 면적 발전에 관한 사상, ⑥ 새로운 사회주의 농촌 건설 강령, ⑦ 새로운 건 설 혁명을 일으키는 사상 등을 꼽아 "수많은 사상리론들을 제시하시여 전 체 인민의 사상정신적량식으로, 애국의 신념과 열정을 백배하여주는 투쟁 의 원동력으로 되게하여주신 불멸의 그 업적"을 칭찬했다.

≪로동신문≫ 10월 25일 자 논설 '경애하는 김정은동지는 탁월한 사상리 론으로 혁명을 승리에로 이끄시는 위대한 수령이시다'는 ① '김정일 애국주 의', ② '유일적령도체계에 관한 새로운 정식화', ③ '새시대 5대당건설방향', ④ '모든 혁명진지의 3대혁명화', ⑤ '혁명적당군건설사상', ⑥ '공산주의미 덕, 미풍에 대한 정의', ⑦ '과학으로 비약하고 교육으로 미래를 담보할데 대한 사상'을 열거해 "총비서동지의 사상리론이 철저히 구현되고있는 우리 혁명의 전도는 끝없이 밝고 창창하다"고 칭찬했다.

게다가 ≪로동신문≫ 2023년 1월 30일 자 논설 '탁월한 수령의 절대적인 권위는 우리 인민의 최고존엄이고 공화국의 국위이다'는 김정은 총서기가 "일찌기 우리 당의 지도사상인 위대한 김일성-김정일주의는 본질에 있어 서 인민대중제일주의라는 독창적인 정식화를 내리시고 당과 국가사업전반 에 철저히 구현하도록 하셨다고 칭찬하면서 ① '우리 국가제일주의사상', ② '전진도상에 가로놓인 모든 난관을 정면돌파전으로 뚫고나갈데 대한 사 상', ③ '우리 식 사회주의의 전면적발전에 관한 사상', ④ '새시대 당건설의 5대로선', ⑤ '새로운 농촌혁명강령', ⑥ '혁명가후비육성사상' 등을 비롯하 여 "당의 강화발전과 문명부강한 국가건설에서 나서는 리론실천적문제들 에 완벽한 해답을 주시였다"고 평가했다.

당 기관지 ≪로동신문≫은 김정은이 당시 당 최고 직책인 당 제1비서에 취임한 지 11주년을 맞은 2023년 4월 11일 자에 '경애하는 김정은동지의 사상과 령도를 받들어 위대한 당, 주체강국의 위용을 만방에 더욱 힘 있게 떨치자'라는 제목의 사설을 실었다. 이 사설도 "경애하는 총비서동지께서는 력사의 첫 기슭에서 주체혁명의 백년대계의 전략을 천명하시고 온 사회의 김일성-김정일주의화를 우리 당과 공화국정부의 최고강령으로, 사회주의 국가건설의 총적방향, 총적목표로 내세우시였으며 정력적인 사상리론활동으로 우리 당과 국가의 강화발전을 위한 불멸의 지침들과 투쟁방략들을 명확히 제시하시였다"라고 정권 출범 때 '온 사회의 김일성-김정일주의화'를 당과 정부의 최고 강령으로 내세운 것을 업적으로 평가했다. 이어 "우리국가제일주의"를 "경애하는 총비서동지의 현명한 령도의 고귀한 결정체"로 하고, "인민대중제일주의"로 "우리의 혁명진지, 우리 식 사회주의의 전진동력은 더욱 굳건히 다져지게 되었다"고 했다. 김정은 당 총비서는 "우리 당과 국가를 진정한 인민의 당, 인민의 나라로 빛나게 해주는 인민의 수령"이라며 김정은 당 총비서를 '인민의 수령'으로 규정했다. 이어 "전당과 온 사회를 경애하는 김정은동지의 혁명사상으로 일색화하자"고 호소했다. 2023년 4월 단계에서도 '온 사회의 김일성-김정일주의화'를 테제로 내세우면서 인민들에게 '김정은동지의 혁명사상으로 일색화'를 요구하는 '병진노선'이 이어지고 있다.

'김정은동지의 혁명사상'이 '김일성-김정일주의'로 바뀌기 위해서는 우선 '김정은동지의 혁명사상'과 '주체사상'과의 관계를 어떻게 정립할지, 둘째, 당의 지도이념 등에서 사라진, 북한의 어려운 시기를 극복한 시기의 사상으로서 과거의 이념으로 역사화되고 있는 '선군사상'이나 '선군정치'와 관계를 어떻게 정리할지, 셋째는 앞서 언급한 김정은 정권의 지난 10년간에 걸쳐 제기해 온 다양한 사상과 노선을 어떻게 정리하고 체계화할 것인가 하는 과제가 남아 있다.

아마도 '김정은동지의 혁명사상'은 김일성 주석의 '주체사상'을 계승, 발전시킨 것이며, 그 핵심적인 사상으로 '인민대중제일주의'와 '우리 국가제일주의'를 두 개의 기둥으로 하고 이 사이에 제창해온 사상이나 노선을 이두 개의 '제일주의' 틀 안에서 체계화해 가는 작업이 되는 것은 아닐까 생각된다. '선군사상', '선군정치'는 과거의 이념으로 역사화되어 갈 것이다.

그러나 '김정은동지의 혁명사상'이 북한의 지도이념으로 정립하는 데 필요한 것은 그러한 이론적 접근뿐 아니라 진정한 의미로 '인민이 주인공이다'라는 것을 인민이 실감할 수 있는 '인민생활의 향상'일 것이다. 독재정권하에서는 인민생활을 무시하고 '수령'에 충성을 다하는 체제를 만들기 위한 이론정비는 가능하다. 그러나 그것이 인민에게 얼마나 의미가 있는 것일까.

맺음말

　김정일 총비서가 2011년 12월 17일 사망하고 김정은 시대가 시작되었지만, 2009년 1월 후계자로 내정한 김정은의 후계체제 준비 기간은 3년에도 미치지 못했고, 자기 시대 지도이념의 준비가 되어 있었다고는 생각되지 않는다. 물론 김일성 주석의 '주체사상'도 김정일 총비서의 '선군사상'도 어느 날 갑자기 만들어졌던 것도 아니고, 긴 세월을 거쳐 형성된 것이며 김정은도 같은 과정을 걸을 수밖에 없다. 그러나 북한의 최고지도자에게는 자신의 '사상'이 있어야 한다. 후계의 시작은 그 모색의 시작이었다.

　김정일 총비서 사망 직후 당면 구호는 '유훈관철'과 '일심단결'이었다. 그 후의 김정은 시대의 지도이념은 2012년부터는 할아버지 김일성 주석과 아버지 김정일 총비서의 지도이념의 콘텐츠를 우선 집약한 '자주, 선군, 사회주의의 길'이 지도이념으로 제시되었다. 김일성 시대의 '자주', 김정일 시대의 '선군', 선대와 선선대 공통의 기반이었던 '사회주의'라는 세 가지 개념을 모아서 김정은 시대는 시작되었다. 김일성 주석도 김정일 총비서도 하겠다고 했으나 실현하지 못한 '인민생활의 향상'은 이념집약에서 빠지고 미래의 과제로 미뤘다.

　김정은은 2012년 4월 6일 '4·6 담화'에서 "조선노동당의 지도사상은 위대한 김일성-김정일주의다"라면서 자신의 지도이념으로 '김일성-김정일주의'를 제시하고 조선노동당을 김일성-김정일주의당으로 정식화했다.

그러나 '김일성-김정일주의'란 무엇인가 하는 물음에 대답할 만큼의 내용은 없었다. 김일성주의의 사상적 핵심은 '주체사상'이고 '김정일주의'의 사상적 핵심은 '선군사상'이었다. 선대와 선선대 시대의 공통항인 사회주의를 견지하는 것이며, 지도이념으로 '김일성-김정일주의'를 정식화했지만, 사상적인 내용으로는 '자주·선군·사회주의의 길'과 큰 차이는 없었다.

또한, 김정은은 2011년 12월 최고사령관으로 추대되었지만, 여기에는 두 가지 의미가 있었다. 당시는 아직 선군시대였고, 권력 계승을 위해서는 먼저 군을 장악해야 한다는 현실이 있었다. 한편 이 결정은 국방위원회나 당중앙군사위원회가 아닌 당 정치국에서 결정되었다. 김정은 시대가 군을 핵심으로 한 권력이 아니라 조선노동당을 핵심으로 한 사회주의국가 본래 모습으로 돌아간다는 당 우위 방침을 제시했다.

김정은 정권이 당 주도 국가를 목표로 한다면 '김일성-김정일주의'를 표방하면서도 큰 사상적인 핵심 이념이었던 '선군'에서 어떻게 이탈할지 모색해야 했다. 김정은 정권 출범 이후 10년은 '선군으로부터의 이탈'의 10년이라고 해도 좋지만, 그럼에도 불구하고 '김일성-김정일주의'를 지도이념으로 내세우는 것은 일종의 모순을 내포하고 있었다고 할 수 있다.

그러나 김정일 총비서의 '부고'가 "김정일동지의 유훈을 지켜 주체혁명, 선군혁명의 길에서 한치의 양보도, 한치의 드팀도 없을 것"이라고 한 이상, 시작한 지 얼마 되지 않은 김정은 정권에 있어서 '선군'은 일단 '계승'할 수밖에 없었으며 '선군'을 극복하는 것이 과제가 되었다.

또한 '김일성-김정일주의'라는 말은 김정은 시대가 되어 생긴 게 아니다. 그것은 김정은 자신이 '4·6 담화'에서 말했듯이, "이미 전부터 우리 당원들과 인민들은 수령님의 혁명사상과 장군님의 혁명사상을 결부시켜 김일성-

김정일주의로 불러왔던" 것이다. 그것은 김정일 총비서가 생존 중이던 2011년 7월 군부대를 방문했을 때의 기록영상에서도 군부대에 이미 '전군을 김일성-김정일주의화하자'는 구호가 내걸려 있었던 것에도 잘 나타나 있다. 이렇게 보면. '김일성-김정일주의'는 김정은이 만들어낸 지도이념이라기보다는 이미 김정일 시대에 준비된 지도이념이었다. 김정은은 이를 '4·6 담화'로 명확하게 한 것이다.

한편 '4·6 담화'에서는 김일성 주석과 김정일 총비서가 좌우명으로 삼았던 '이민위천'을 가지고 활동해야 한다고 강조했으며, 훗날 '인민대중제일주의'의 맹아를 보여줬다. '4·6 담화'는 말하자면 '선군'과 '인민생활 향상'이라는 병진 노선을 보여준 담화라고 할 수 있었다.

김정은의 첫 육성 연설이었던 김일성 주석 탄생 100주년 열병식(2012년 4월 15일) 연설에서는 "위대한 김일성-김정일주의의 기치를 높이 내세운다"면서 '자주의 길, 선군의 길, 사회주의의 길'을 제시했다. 그것이 '김일성-김정일주의'의 내용이었다.

한편 "세상에서 제일 좋은 우리 인민, 만난시련을 이겨내며 당을 충직하게 받들어온 우리 인민이 다시는 허리띠를 조이지 않게 하며(배를 곯지 않도록) 사회주의부귀영화를 마음껏 누리게 하자는것이 우리 당의 확고한 결심"이라고 말해 인민에게 '인민생활의 향상'을 약속했다.

김정은은 2012년 4월 조선노동당 제1비서, 국방위 제1위원장이라는 당과 국가의 최고위에 취임했다. 같은 해 5월쯤부터 북한 언론은 김정은이 3월 현지지도에서 했던 말을 사용해 '김정일애국주의' 캠페인을 시작했다.

2012년 7월이 되자 김정은은 리설주 부인을 동반해 공개 활동을 하면서 퍼스트레이디를 공개했다. 또한, 자신이 만든 모란봉악단의 첫 공연에서는 미국 영화 〈로키〉의 영화 장면과 주제곡이 연주되고 디즈니 캐릭터가 등장하는 등 외국 유학 경험이 있는 젊은 지도자에 의한 '위로부터의 문화소혁명'이 일어날 것인가 하는 기대도 갖게 했다. 이 무렵, 김정일 총비서가 한 때 말했던 '자신의 땅에 발을 붙여 눈은 세계로 보라!'라는 구호를 김정은이 자주 언급했고 '세계적 추세'라는 구호도 강조되었다.

김정은은 2012년 7월 군의 실력자인 리영호 총참모장을 숙청하고 본격적인 당 우위 체제 만들기에 착수했다. 리영호 총참모장 포위망은 2012년 제4차 당대표자회 당시부터 보이기 시작했고, 숙청이라는 가혹한 방법으로 대응했다.

그 후 '70년대 시대정신'과 '생눈길을 헤치는 정신' '백두산대국' 등의 이념이 강조되었지만, 이것도 김정은 시대의 새로운 지도이념을 모색하려는 움직임이었다.

김정은은 2013년 1월의 '신년사'에서 '모든 것을 인민을 위해서, 모든 것을 인민대중에 의거해!'라는 구호를 제시했다.

그리고 같은 해 3월 개최한 조선노동당 제4차 세포비서대회 연설에서 '김일성-김정일주의는 본질에서 인민대중제일주의'라는 자기 시대의 새로운 구호를 제시했다. 그러나 그것은 아직 김정은 시대의 중심적인 지도이념의 확립으로까지는 이어지지 않았지만, 자기 시대의 지도이념의 '씨앗(종자)'이 제시되었다고 말할 수 있었다.

이 연설에서는 '인민대중제일주의'는 그것 자체가 심화되기보다는 인민의 이익을 방해하는 '세도', '관료주의', '부정부패'라는 간부 비판의 무기로 이용했다. 간부에게는 엄격하고 인민에게는 사랑으로 대한다는 '엄간애민'은 점차 김정은 시대의 중심적인 이념이 되어갔다.

그리고 '인민대중제일주의'의 뿌리를 김일성 주석이나 김정일 총비서의 좌우명인 '이민위천'에서 찾아 '인민대중제일주의'를 정당화해 갔다.

김정은은 2013년 6월 '당의 유일적 사상체계 확립을 위한 10대 원칙'을 '당의 유일적 영도체계 확립을 위한 10대 원칙'으로 개정했다.

김정일은 1974년 4월 '당의 유일적 사상체계 확립을 위한 10대 원칙'을 책정했는데, 이는 '사상' 통제야말로 자신의 후계체제 확립의 길이 될 것으로 판단했기 때문이었다. 김정일은 주체사상의 해석권을 독점하고 주체사상을 '혁명적 수령관'이나 '사회정치적 생명체론'으로 통치이념화함으로써 자신의 후계체제를 확립했다.

한편, 김정은은 사상보다 훨씬 직접적으로 자신의 '영도체계' 확립을 목표로 10대 원칙을 개정했다. 그때까지 전사회의 김일성주의화를 요구한 '10대 원칙'을 전사회의 김일성-김정일주의화로 다시 쓰는 것을 주안으로 하면서도 '김정은의 유일한 영도체계' 확립을 목표로 삼았다. '당'이나 '영도자'라는 말을 사용하여 자신의 유일한 영도체계의 확립을 도모한 것이다. 게다가 '세도' 비판을 강화하고 나중에 장성택 숙청에 사용된 '동상이몽'이나 '양봉음위'라는 말을 끼워 넣어 장성택 숙청의 준비 작업을 한 것으로 보인다.

그리고 김정은은 2013년 12월 장성택 당 행정부장을 전격 숙청했다. 리영호 총참모장과 장성택 당 행정부장의 숙청으로 군과 당의 실력자를 배제함으로써 김정은의 유일적 영도체계 확립에 큰 진전이 있었다.

김정은은 2016년 5월 36년 만에 당대회를 개최했다. 이 제7차 당대회에서는 "선군정치는 우리 당과 인민이 준엄한 난국을 뚫고 력사의 기적을 창조하게 한 승리의 보검이였습니다"라고 총괄하여 '선군정치'를 '주체사상'과 함께 평가하고 '승리의 보검'이라고 했다. 이 시점에서도 "우리는 오늘, 전사회가 주체사상, 선군사상으로 일색화되어 있다"고 총괄했다.

약 2개월 후인 2016년 6월 29일 최고인민회의 제13기 제4차 회의가 개최되어 헌법이 개정되었다. 개정 헌법에서는 '국방위원회'가 '국무위원회'로 개편되었다. 그것은 단순히 위원회의 이름이 바뀐 것이 아니라 김정일 시대 선군정치의 핵심 기관이며 선군정치를 주도했던 '국방위원회'가 그 역사적 임무를 마친 것을 의미했다. 제7차 당대회에서는 여전히 선군정치의 의의가 강조되었지만, 선군정치를 주도한 국방위원회가 국무위원회로 개편됨으로써 김정은 정권의 방향성은 당주도 국가운영으로 크게 전환되었다. 당규약 등에 '선군'은 아직 남아 있었지만 사실상 '선군시대'가 끝났다는 것을 의미했다.

김정은은 2014년 '신년사'에서는 '인민대중제일주의'라는 말을 사용하지 않았지만, "일군들은 인민의 요구, 대중의 목소리에 무한히 성실하여야 하며 언제나 인민을 위해 헌신하는 인민의 참된 심부름군으로 살며 일하여야 합니다"라고 말했다.

2015년 '신년사'에서는 "어머니당의 본성에 맞게 당사업전반을 인민대중제일주의로 일관시켜 전당에 인민을 존중하고 인민을 사랑하며 인민에게 의거하는 기풍이 차넘치게 하고 당사업의 주되는 힘이 인민생활향상에 돌려지도록 하여야 합니다"라고 말해 '신년사'에도 '인민대중제일주의'가 등장했다.

김정은은 2016년 5월 제7차 당대회에서 "당 활동 전반에 인민대중제일주의를 철저히 구현해야 한다"고 말하며 '인민대중제일주의'를 당 활동 방침으로 공식화했다. 그리고 '세도, 관료주의, 부정부패'를 '인민대중제일주의'의 '주적'이라고 했다.

김정은의 '인민대중제일주의'의 특색은 첫째로 김일성 시대, 김정일 시대와 비교해 '인민생활의 향상'의 방향성을 강하게 나타내고 있다는 것이다. 그러나 실현되는 동향은 보이지 않는다. 둘째, 간부정책, 민심이반 방지대책으로서 '세도, 관료주의, 부정부패'와의 싸움과 간부에 대한 '멸사복무'를 요구하고 있다는 것이다. 셋째, '이민위천' 등을 참고로 하면서 김일성, 김정일 시대의 계승을 강조하고 있는 점이다. 넷째, 김정일 시대의 '인덕정치'나 '광폭정치'에 비해 위로부터의 시선은 약하고 인민과 함께 하는 자세를 강화하고 있다. 다섯째, '인민대중제일주의'를 김정은 자신의 시대의 사상적인 구심점으로 삼아 김정은 정권의 친인민성을 강하게 어필하고 있다는 것이다.

북한에서는 2017년 11월 '우리 국가제일주의'라는 구호가 언론에 등장했다. 경제건설과 국방력 강화에서 거둔 성과를 배경으로 만들어진 구호이지만, 어떤 이유에서인지 정식화된 것은 2019년의 김정은 '신년사'에서였다. 1년 이상의 시간이 필요했던 것은 '우리 국가제일주의'가 아버지 김정일 총비서의 '우리 민족제일주의'와 대립적인 개념이 아닌가 하는 우려가 있어 내부 조정이 필요했던 것으로 보였다. 북한은 '우리 국가제일주의'를 '우리 민족제일주의'를 승화, 발전시킨 것으로 정리해 2019년 '신년사' 이후 김정은 시대를 뒷받침하는 지도이념이 되었다. '인민대중제일주의'와 같이 김정은 시대를 대표하는 지도이념으로 부상했다. '우리 민족제일주의'를 '우리 국가제일주의'로 덧씌웠다고 말할 수 있었다. 이것은 김정은이 아버지를 넘어서려는 '상극(相克)' 의식의 반영이라고도 할 수 있었다.

그 뒤에는 2017년 11월의 신형 대륙간 탄도미사일의 발사 성공이 있었다. 국가핵무력의 완성과 사회주의 강국을 목표로 하는 경제건설에 의해 북한이 열강의 압박을 받는 약소국가로부터 열강과 대등하게 상대하는 '전략국가'가 되었다는 자부심을 배경으로 하고 있었던 것으로 보였다.

한편, 그것은 '통일조선'을 지향하는 '하나의 조선'에서 조선민주주의인민공화국이라는 국가를 '제일'로 하는 방향으로 목표를 전환해 '두 개의 조선'을 용인하는 사고로 발전하는 요소를 내포하고 있었다.

조선노동당은 2021년 1월 제8차 당대회를 개최했고, 김정은은 아버지와 할아버지와 같은 '당 총비서' 자리에 올랐다. 지금까지 김일성 주석은 '영원한 국가주석', 김정일 총비서는 '영원한 총비서'로 남겨두었던 '총비서' 자리에 취임한 것은 김일성 시대, 김정일 시대를 역사화하고 김정은 정권의 홀로서기를 의미했다.

당규약에서도 김일성 주석과 김정일 총비서의 고유명사와 업적이 삭제되었다. 김정은의 이름도 삭제되었지만, 김정은을 의미하는 '당중앙'이라는 말이 17번 등장하고 김정은 당 총비서의 권한이 강화되어 조선노동당을 김정은에 의해 사당화하는 작업이 진행되었다.

당규약에 있는 "조선노동당은 선군정치를 사회주의 기본정치 방식으로 확립하고 선군의 기치밑에 혁명과 건설을 령도한다"를 "조선노동당은 인민대중제일주의를 사회주의 기본 정치방식으로 한다"고 개정했으며, 기본정치방식을 '선군정치'에서 '인민대중제일주의'로 바꿨다.

김정은은 2013년 1월 당세포 비서대회에서 "김일성-김정일주의는 본질에서 인민대중제일주의"라는 씨앗을 제시했는데, 8년의 세월을 거쳐 마침내 '인민대중제일주의'를 '당의 기본정치 방식'으로 만들었다.

당 기관지 ≪로동신문≫과 당 이론지 ≪근로자≫는 2020년 10월 3일 발표한 공동 논설에서 "경애하는 최고령도자 김정은동지는 우리 당을 인민을 위하여 멸사복무하는 혁명적당으로 끊임없이 강화발전시켜나가시는 인민의 위대한 수령이시다"라면서 김정은을 '인민의 위대한 수령'이라고 호칭했다.

또한, 2021년 1월 제8차 당대회에서 김정은을 당 총비서로 추대하는 '추대사'에서는 "혁명하는 당에 있어서 당의 수반은 전당의 조직적의사를 체현하고 대표하는 혁명의 최고뇌수, 령도의 중심, 단결의 중심으로서 수령의 지위를 차지하며 인민대중의 혁명위업, 사회주의위업수행에서 결정적 역할을 합니다"라고 말해 조선노동당의 수반은 '수령의 지위'를 차지한다고 했다.

나아가 북한 언론은 2021년 5월경부터 김정은을 '수령'으로 하는 논설 등을 집중적으로 게재했다. 여기서 주목되는 것은 김정은을 단순히 '수령'으로 규정하는 것이 아니라 '인민적 수령'이라든가 '인민의 수령'이라 하며 '인민'과 밀접한 '수령'이라는 개념을 제시한 것이었다. 이것은 어떤 의미에서는 김정일 총비서가 제시한 '혁명적 수령관'을 의식한 표현이라고도 할 수 있다. 김정은의 친인민성을 강하게 어필하려는 의도로 보였다.

그리고 북한 언론은 이 정도로 인민을 생각해 주는 수령에 대해 인민은 보은해야 한다는 캠페인을 벌였다.

김정일 총비서의 '사회정치적 생명체론'에서 수령은 '뇌수'이고 당은 수령과 인민대중을 결합시키는 '혈관'과 '신경'이며 인민대중은 '생명체'라고 여겨져 인민대중, 당, 수령이 통일체가 되어 사회정치적 생명체가 만들어진다고 했다. 사회정치적 생명체에서 구성원은 부르주아 사회처럼 권리와 의무의 관계가 아니라 동지애와 혁명적 의리에 의해서 규정된다. 주체사상은 인간은 주체성을 가진 존재로 간주했지만, 혁명적 수령관이나 사회정치적 생명체론에서 인민은 수령과 당의 지시에 따름으로써 그 생명체의 능력을 발휘할 수 있다고 여겨져 인민의 '주체성'을 빼앗기게 된다.

김정은 시대의 '인민적 수령'도 명칭은 '친인민적'이지만, 인민을 생각하는 수령에 인민이 보은해야 한다는 논리에 의해 통치이론으로 만들어갔다. 그 틀은 '혁명적 수령관'과 같으며 외면을 '인민적'이라는 오블라트로 감싸고 있을 뿐이다.

그러나 북한에서는 '수령'은 새로운 사상을 만들어내야 한다. 김정은이 '수령'을 자칭했다는 것은 '인민대중제일주의'라는 새로운 사상의 기반이 생겼다는 자신감의 표현이라고도 할 수 있었다.

북한은 여전히 '김일성-김정일주의'를 지도이념으로 내걸고 있지만, 북한에서는 2021년에 들어서 '김일성-김정일주의 만세!'와 함께 '김정은동지의 혁명사상 만세!'라는 말을 구호로 외치기 시작했다. '김정은동지의 혁명사상'이 '김일성-김정일주의'와 짝을 이뤄 구호로 내걸리거나 '김일성동지의 혁명사상', '김정일동지의 혁명사상', '김정은동지의 혁명사상'이 병렬적으로 입에 오르기 시작했다.

그리고 '전당과 온 사회를 김정은동지의 혁명사상으로 일색화하자'라든가 '전군을 김정은동지의 혁명사상으로 일색화하자'는 구호가 등장하기 시작했다.

10대 원칙이나 당규약에서는 '김일성-김정일주의로 일색화'하는 것이 요구되고 있음에도 불구하고 '김정은동지의 혁명사상으로 일색화하자'는 구호가 등장하고 있는 것은 미래에는 '김일성-김정일주의'가 '김정은동지의 혁명사상'으로 대체될 가능성을 시사했다. 국가정보원은 북한에서 '김정은주의'라는 말이 쓰이기 시작했다고 했지만, 북한 언론에서는 아직 확인할 수 없다. 대신 등장한 것이 '김정은동지의 혁명사상'이다. 이것은 '김정은주의'를 전면에 내세울 경우 '김일성-김정일주의'를 부정하거나 대치하는 것으로 인식될 가능성도 있어 '김정은동지의 혁명사상'이라는 구호를 전면에 내놓고 있는 것으로 추론된다.

≪로동신문≫은 10월 25일 '경애하는 김정은동지는 탁월한 사상리론으로 혁명을 승리에로 이끄시는 위대한 수령이시다'라는 제목의 논설을 게재하고 이 논설은 "경애하는 김정은동지의 혁명사상은 위대한 김일성-김정일주의의 빛나는 계승이며 심화발전이다"라고 정의했다. 이에 따라 '김정은동지의 혁명사상'은 '김일성-김정일주의'와 대립하는 것이 아니라 그 '계승, 심화, 발전'이라는 이론적 정리가 완성된 셈이다.

지난 10년간 김정은 시대 지도이념의 변천에 대해 생각해 보면, 첫째 김정은은 '유일적 영도체제'의 확립을 위해 자신의 지도이념이 필요했다는 것을 지적하지 않을 수 없다. 북한 최고지도자는 항상 자신이 구축한 '사상'을 요구받는다는 과제를 안고 있다.

김정은 정권은 김일성 주석과 김정일 총비서의 실적을 '계승'함으로써 정권을 시작했다. 그것은 세습 정권의 숙명이기도 했다. 그러나 김정은의 '유일적 영도체계'를 확립하기 위해서는 정치적인 자신의 체제 정비와 함께 이념적인 기반 강화가 필요했다. 조선노동당의 지도이념으로 '김일성-김정일주의'를 정식화했으나 그것은 아버지와 할아버지의 지도이념이다. 그것을 어떻게 자기 시대의 지도이념으로 변용시켜 나갈지가 지난 10년의 과제였다. 김정은 정권은 집권 10년 동안 비로소 자신의 지도이념의 윤곽을 형성하고 있다. 그것은 '인민대중제일주의'와 '우리 국가제일주의'라는 형태로 정리되고 있다. '인민대중제일주의'라는 '친인민적' 이념을 내세워 자기의 이념적인 기반을 만들고 있다. 그러나 그 사상의 중핵을 담당해야 할 '인민생활의 향상'은 실현되지 않고 있다. 또한 '우리 국가제일주의'는 경제발전과 국방력 강화라는 두 가지를 기축으로 한 사고방식이지만 국방력 강화는 큰 발전을 보였으나 경제발전은 정체되고 있다. 김정은 시대의 지도이념이 인민의 지지를 얻기 위해서는 역시 경제발전과 인민생활 향상이 필수적이다.

두 번째 '통제의 강화'와 '친인민'의 양립 문제다. 김정은 정권은 2012년 정권 출범 시 시장경제적인 요소를 상당히 도입한 '우리식 경제관리방법 개선'을 추진하거나 국제사회와의 관계성에 긍정적인 자세를 보였으나 2019년 하노이 회담 이후 통제적인 움직임을 강화하고 사회주의적 통제를 강화하고 있다. 한편에서 사회주의의 혜택을 받지 않고 자란 '고난의 행군 세대' '시장 세대'의 이반을 막으려고 노력하고 있다. 2022년 현시점에서는 '친인민성'보다는 '통제'를 우선시하고 있다. 여기에는 경제제재의 장기화와 신형 코로나 방역 강화 때문에 통제로 향하지 않을 수 없는 사정도 있다. 그런 어려운 상황에서 '인민대중제일주의'의 큰 요소인 간부에게는 엄격하고 인민에게는 상냥하다는 '엄간애민' 노선을 깔아놓음으로써 어려움 속에서도 어떻든 성과를 내려 하고 있다.

셋째는 김정일 시대의 지도이념인 '선군'으로부터의 이탈 문제다. 김정은은 10년의 세월을 들여 '선군'에서 벗어나는 데 성공했다. 김정일 총비서는 후계체제를 당 주도로 하기 위해 당 간부에게 군 계급을 주고 당 간부가 양복을 벗고 군복을 입고 군을 통제했다. 세계에서도 유례를 찾을 수 없는 방법이었다. 김정은 정권이 시작된 당시는 분명히 선군 시대였지만, 2012년 7월 리영호 총참모장의 숙청으로 군을 억누르고 그 후의 빈번한 군 간부 인사이동(강등과 복권의 반복)으로 군을 통제하에 두는 데 성공했다. 2016년 제7차 당대회에서는 선군사상을 주체사상과 나란히 '승리의 보검'이라고 했지만, 2개월 후 열린 최고인민회의에서 선군정치의 핵심 기관이었던 국방위원회를 국무위원회로 개편해 사실상 선군정치를 끝냈다.

그러나 그것은 핵과 미사일 개발을 포기하는 것이 아니다. 김정은 정권하에서는 '군에 의한 선군'을 '당에 의한 선군'으로 개편했다. 핵·미사일 개발을 군이 아니라 당 군수공업부가 주도했다. 그리고 2013년 3월 당 중앙위 전원회의에서 경제건설과 핵·미사일 개발을 동시에 진행하는 '병진노선'을 제시했다. 북한은 병진노선을 통해 2017년 11월 신형 ICBM '화성-15' 시험발사를 성공시켜 국가핵무력 완성을 선언했다. 그리고 2018년 국제사회와의 대화 국면에 들어서자 2018년 4월 당 중앙위원회 제7기 제3차 전원회의에서 '성공적으로 병진 노선을 종료'시켰다. 그러나 이후에도 '국방력 강화'라는 형태로 핵·미사일 개발을 계속하고 있다. 지난 10년을 되돌아보면 '선군의 계승' → '당에 의한 군통제 강화' → '리영호 군 총참모장 숙청' → '당에 의한 선군' → '병진 노선' → '국방력 강화'라는 흐름 속에서 '선군'을 1990년대 후반의 체제 위기를 극복한 '승리의 보검'이라는 과거의 것으로 만듦으로써 그 역사화에 성공했다고 할 수 있다.

북한이라는 국가가 당 중심의 국가로 정상화하고 있는 데 '주체사상'과 함께 1990년대 후반의 체제 위기를 극복하기 위한 비상시의 사상인 '선군사상'을 핵심으로 하는 '김일성-김정일주의'를 지도이념으로 내세우는 것은 어떤 의미에서는 부자연스럽다. 앞으로는 '선군사상'을 부정하는 것이 아니라 비상시의 사상으로 역사화해 '김일성-김정일주의'를 심화, 발전시킨 '김정은동지의 혁명사상'으로 변화할 가능성이 있지 않을까 추론한다.

'김정은동지 혁명사상'의 첫 번째 핵심은 '인민대중제일주의'이고, 두 번째는 '우리 국가제일주의'이고, 세 번째는 '국방력 강화'이다. 특히 '인민대중제일주의'를 앞세워 김정은을 단순한 '수령'이 아니라 '인민적 수령'으로 만들어서 선대와 차별화를 시도하여 아버지를 넘어서는 지도자가 되고 싶어 하는 김정은의 강한 바람을 엿볼 수 있다.

북한 언론은 김정은 시대의 사상적 실적을 김일성과 김정일의 사상적 실적을 '계승, 발전시킨' 것이라고 평가할 때가 많다. 그러나 김정은 총서기의 의사는 '발전'이라기보다는 아버지와 할아버지를 뛰어넘고 싶다는 소망에 있는 것 같다. 그 실태는 '계승, 발전'이라기보다는 '계승, 상극'이라고 보인다.

그러나 북한은 아직 공식적으로는 '김일성-김정일주의'를 당의 지도이념으로 내세우고 있다. '김정은동지의 혁명사상'이 당의 공식적인 지도이념으로 바뀌기 위해서는 아직 시간이 더 필요할 것이다. 그렇게 되면 당규약이나 10대 원칙도 개정해야 한다. 2022년 1월 '김정은동지의 혁명사상에 대한 중앙연구 토론회'에서도 김정은의 업적을 "위대한 수령님(김일성 주석)과 위대한 장군님(김정일 총비서)의 혁명사상을 김일성-김정일주의로 정식화"하고 "온 사회의 김일성-김정일주의화를 우리 당과 공화국정부의 최고강령으로, 사회주의국가건설의 총적방향, 총적목표로 제시"한 것이라고 했다. '김정은동지의 혁명사상'으로의 대체 작업은 현재진행형으로 아직 시작 단계이다.

'김정은동지의 혁명사상'을 보다 깊은 내용을 가진 사상으로 체계화하는 작업에는 아직 과제가 많다. 지난 10년간 제창해온 다양한 사상과 노선, 그것을 김정은 시대의 핵심 사상인 인민대중제일주의와 우리 국가제일주의, 국방력강화와 어떻게 관련시키고 어떻게 자리매김해, 친인민적인 사상으로서 심화, 체계화시킬 것인가 하는 작업은 아직 시간이 걸릴 것이다.

'김정은동지의 혁명사상'을 보다 깊은 내용을 가진 것으로 사상화하는 작업은 아직 불충분하다. 그 내용인 인민대중제일주의와 우리 국가제일주의, 국방력 강화를 어떻게 관련시키고, 어떻게 자리매김하고, 친인민적인 사상으로 심화시킬 것인가, 이러한 작업에는 좀 더 시간이 걸릴 것이다.

그리고 무엇보다 그것을 현실로 만들기 위해서는 '인민생활의 향상'이 전제가 된다. 김일성 주석은 "우리 인민들이 흰쌀밥에 고기국을 먹으며 비단옷을 입고 기와집에서 살게 하여야 한다"는 것을 평생의 꿈으로 삼았으나 실현하지 못했다. 김정일 총비서는 주석님의 꿈을 끝내 실현할 수 없었다고 만년에 후회했다. 세습 3대째 최고지도자에게 역사적 역할이 있다면, 그것은 '인민생활의 향상'이며, 그것이 실현되어야만 '인민적 수령'의 지위를 얻을 수 있을 것이다. 결론적으로 '김정은동지의 혁명사상'이 북한의 지도이념이 되기 위해서는 북한 인민이 "생활이 좋아졌다"라고 실감할 수 있을 정도의 '인민생활의 향상'이 필요할 것이다.

참고문헌

≪로동신문≫

≪민주조선≫

조선중앙TV 20시 뉴스

연합뉴스

『북한대사전』, 북한연구소, 1999.

『北朝鮮政策動向』(ラヂオプレス)

鐸木昌之, 『北朝鮮ー社会主義と伝統の共鳴』, 東京大学出版会, 1992.

鐸木昌之, 『北朝鮮首領制の形成と変容』, 明石書店, 2014.

김갑식·장철운, 『'김정은주의'인가? '김정은사상'인가?』, 통일연구원, 2021.

김보민, 「북한 민족제일주의 담론의 변화: 조선민족제일주의에서 우리 국가제일주의로」,
　　≪현대북한연구≫, 제24권 1호, 2021.

김원식·이기동, 『김정은 정권의 통치이념 변화 동향 분석』, 국가안보전략연구원, 2020.

김효은, 「북한의 사상과 인민대중제일주의 연구」, ≪통일정책연구≫, 제30권 1호, 2021.

박종철, 「김정은위원장의 3중전략: 인민대중제일주의, 자위력 강화, 대화의 3중주」, ≪정
　　세와 정책≫, 2021년 11월호.

안경모, 「김정은 시대 통치 이데올로기와 국가전략」, 경남대 극동문제연구소와 프리드리
　　히나우만재단 공동주최 국제학술회의(2021년 11월 2일) 발표논문.

홍민·강채연·박소혜·권주현, 『김정은 시대 주요 전략 정책용어 분석』, 통일연구원,
　　2021.

지은이

히라이 히사시(平井 久志)

1952년생.
1975년 와세다대학 법학부 졸업, 같은 해 4월 교도통신 입사.
1983~1984년 연세대학교 한국어학당에서 한국어 학습.
1989~1992년 서울 특파원.
1995~1999년 서울지국장.
1999~2003년 베이징 특파원.
2003~2007년 서울지국장.
2007~2012년 편집위원 겸 논설위원.
2012년 3월 교도통신 정년퇴사. 이후 객원논설위원(~현재).
2013~17년 리츠메이칸대학 객원교수.
2018~2020년 와세다대학 비상근강사.
2021~2022년 경남대학교 극동문제연구소 초빙연구위원.

2002년 선양 일본총영사관 탈북자 진입 사건 보도로 '신문협회상', 같은 해 북한 경제개혁 등 한반도 보도로 '본·우에다 국제기자상' 수상.

저서로 『서울타령』(도쿠마서점), 『한일 육아전쟁』(도쿠마서점), 『코리아타령』(비즈니스사), 『왜 북한은 고립되는가』(신초샤), 『북한의 지도체제와 후계』(이와나미서점)가 있고, 공저에 『중국과의 거리를 고민하는 주연』(아시아대 아시아연구소), 『한반도 위기에서 대화로』(이와나미서점), 『격동의 한반도를 읽어내다』(게이오기주쿠대 출판회) 등이 있다. 한국어 저서로 『얄미운 아내는 한국인』(동아출판사), 『서울공화국 환타지아』(청한), 『김정은체제 북한의 권력구조와 후계』(한울)가 있다.

한울아카데미 2456

김정은 정권의 지도이념 변천

ⓒ 히라이 히사시, 2023

지은이 히라이 히사시

펴낸이 김종수 │ **펴낸곳** 한울엠플러스(주) │ **편집책임** 조수임

초판 1쇄 인쇄 2023년 7월 12일 │ **초판 1쇄 발행** 2023년 8월 16일

주소 10881 경기도 파주시 광인사길 153 한울시소빌딩 3층

전화 031-955-0655 │ **팩스** 031-955-0656 │ **홈페이지** www.hanulmplus.kr

등록번호 제406-2015-000143호

Printed in Korea.

ISBN 978-89-460-7456-9 93340

※ 책값은 겉표지에 표시되어 있습니다.

성찰적 시각으로 본
한국 민주주의의 가치와 문화

500년을 내려온 조선왕조가 일제에 의해 붕괴한 지 10년밖에 지나지 않았던 시점에, 특히 서구 민주주의 선진국도 그제야 여성에게 보통선거권을 부여하기 시작하던 그 무렵에, 조선의 항일운동가들은 자유·평등·평화를 제창하면서 장차 건설될 나라는 국민주권에 기초한 민주공화제에 기초해야 한다고 천명했다. 자유·평등·인민주권과 민주공화주의 등의 가치를 학습한 지 겨우 20~30년에 불과했고, 당시 최후진국이던 조선의 처지로 볼 때 실로 획기적인 선언이었다.

민주화운동기념사업회의 한국민주주의연구소는 3·1운동과 '대한민국임시헌장' 선포 100주년 앞둔 2018년 한국 민주주의 토대연구 작업을 시작했다. 그 첫 번째 결과물인 『한국 민주주의, 100년의 혁명 1919~2019』는 학술적 성과를 인정받아 세종도서로 선정되었다.

1권이 민주주의 100년의 역사를 성과 중심으로 살펴봤다면, 2권은 성찰적 시각으로 한국 민주주의의 가치와 문화를 심층 연구했다. 한국 민주주의 발전 과정에서 추구해 온 자유·민주·평등·공화의 가치가 전개되는 과정을 추적하고, 저항·정당·여성·조직 면에서 운동 문화가 민주주의와 어떤 영향을 주고받았는지 분석했다.

한국 민주주의 100년,
가치와 문화

민주화운동기념사업회
한국민주주의연구소 엮음

김동춘·김아람·김정인·문지영·
서복경·신진욱·이나미·전강수·
정상호 지음

www.hanulmplus.kr | hanul@hanulbooks.co.kr | 한울엠플러스(주)

세계 각국의 민주화 역사를 들여다보면
한국 민주화의 미래가 보인다

민주화운동기념사업회에서 기획한 이 책은 한국의 상황을 기준으로 봤을 때 민주화 과정이 흥미롭고 유의미한 나라들의 사례를 대륙별·유형별로 고려해서 선정하고 분석한 연구서다. 다른 나라의 민주화 과정을 파악하는 과정을 통해 한국의 민주화를 더욱 객관적으로 이해하고 민주화 과정에서 우리 사회가 겪는 문제점을 자각하기 위해 시도된 연구인 것이다. 민주주의가 발달한 서구 선진국이 아닌 한국과 비슷한 문제를 겪고 있는 여러 나라를 다루었으므로 세계 각국의 민주화 경험과 노력을 파악할 수 있으며, 민주주의를 좀 더 폭넓고 명료하게 이해할 수 있다.

혁명이나 시위를 통해 민주화를 쟁취했다가 군부 쿠데타나 독재자의 통치를 통해 권위주의로 회귀하는 현상을 반복하고 있는 여러 나라의 현실은 우리나라가 걸어온 역사와 크게 다르지 않다. 민주화 이행에는 성공했지만 민주주의 공고화 단계에서 어려움을 겪고 있는 세계 각국의 사례는 한국의 자화상과도 같으므로 이들을 분석하는 일은 한국 민주화의 미래에 큰 밑거름이 될 것이다.

민주화운동기념사업회 기획
김호섭·이병택 엮음

민주화운동의 세계사적 배경

www.hanulmplus.kr | hanul@hanulbooks.co.kr | 한울엠플러스(주)